技工教育汽车类专业概论系列教材

汽车装饰与美容专业概论

侯朋朋 主　编
卢炳朋 副主编

人民交通出版社股份有限公司
北京

内 容 提 要

本书是技工教育汽车类专业概论系列教材之一,主要内容分为汽车装饰与美容专业概述、汽车装饰与美容专业人才培养概述、汽车装饰与美容专业技术概述、汽车装饰与美容专业学习成长规划四个项目。项目下又分若干个任务,每个任务包括任务目标、任务内容、活动场景、活动目标、活动计划、活动资源、活动展示、活动评价八个部分。

本书可作为技工类院校汽车类相关专业的概论教材,也可作为汽车类相关专业建设的参考书。

图书在版编目(CIP)数据

汽车装饰与美容专业概论/侯朋朋主编. —北京:
人民交通出版社股份有限公司,2021.8
ISBN 978-7-114-17043-0

Ⅰ.①汽… Ⅱ.①侯… Ⅲ.①汽车—车辆保养—技术教育—教材 Ⅳ.①U472

中国版本图书馆 CIP 数据核字(2021)第 133881 号

Qiche Zhuangshi yu Meirong Zhuanye Gailun

| 书　　名:汽车装饰与美容专业概论
| 著　作　者:侯朋朋
| 责任编辑:郭　跃
| 责任校对:孙国靖　宋佳时
| 责任印制:张　凯
| 出版发行:人民交通出版社股份有限公司
| 地　　址:(100011)北京市朝阳区安定门外外馆斜街 3 号
| 网　　址:http://www.ccpcl.com.cn
| 销售电话:(010)59757973
| 总 经 销:人民交通出版社股份有限公司发行部
| 经　　销:各地新华书店
| 印　　刷:北京虎彩文化传播有限公司
| 开　　本:787×1092　1/16
| 印　　张:6.25
| 字　　数:109 千
| 版　　次:2021 年 8 月　第 1 版
| 印　　次:2021 年 8 月　第 1 次印刷
| 书　　号:ISBN 978-7-114-17043-0
| 定　　价:30.00 元

(有印刷、装订质量问题的图书由本公司负责调换)

前言

  近年来,汽车行业迅猛发展,产销量大幅增长。各职业院校根据市场需求,相继开设了汽车装饰与美容专业。选择适用的教材,对于院校专业建设至关重要。技工教育汽车类专业概论系列教材是在各行业、企业技术专家的大力协助下编写而成。

  本系列教材在编写过程中,采用职业院校大力推广的"基于工作过程的任务教学法"体例。项目规划科学,任务分解合理,利于教学过程中的讲解与活动组织。本系列教材依据行业、企业与学校的实际情况进行编写,实现概论教学与专业课、专业基础课、文化基础课、企业实践无缝对接。

  本书由山东交通技师学院侯朋朋担任主编,由卢炳朋担任副主编,由侯朋朋负责统稿。书中共有四个项目十一个任务,项目一由张健编写。项目二任务一由卢炳朋编写;任务二由张健编写;任务三由汲同庆编写;任务四由侯朋朋编写。项目三由卢炳朋编写。项目四由卢炳朋编写。

  限于编者水平,书中难免有疏漏和错误之处,恳请广大读者提出宝贵建议,以便进一步修改和完善。

编 者
2021 年 5 月

目录

项目一　汽车装饰与美容专业概述 ·· 1
　任务一　了解汽车装饰与美容专业发展背景 ······························ 1
　任务二　知道汽车装饰与美容专业发展现状 ······························ 5
　任务三　了解汽车装饰与美容专业发展趋势 ······························ 8

项目二　汽车装饰与美容专业人才培养概述 ·································· 13
　任务一　认识工作岗位 ·· 13
　任务二　知道能力需求 ·· 29
　任务三　了解课程设置 ·· 37
　任务四　熟悉保障措施 ·· 46

项目三　汽车装饰与美容专业技术概述 ·· 57

项目四　汽车装饰与美容专业学习成长规划 ·································· 73
　任务一　学习榜样 ··· 73
　任务二　认识学习成长规划 ·· 78
　任务三　知道学习成长规划过程 ··· 83
　任务四　撰写学习成长规划 ·· 89

参考文献 ·· 94

项目一　汽车装饰与美容专业概述

任务一　了解汽车装饰与美容专业发展背景

（1）能简单概括出汽车装饰与美容专业的发展背景和历程。

（2）能根据汽车装饰与美容专业发展背景的演变，概括出汽车装饰与美容专业概念的变化。

活动："汽车装饰与美容行业发展史"卡片制作展示活动。

活动："汽车装饰与美容行业发展史"卡片制作展示活动

随着科技和社会的发展与进步，各种各样的车辆陆续出现在人们的生活中，与此同时，随着时间的推移，汽车外表老损、掉漆等现象也影响了汽车的美观，所以由此带来的汽车装饰与美容是目前正在高速发展的一个行业。汽车装饰与美容行业的发展程度如何，反映着一个社会从科技水平到人文关怀等各方面的发达程度。

活动场景

根据汽车装饰与美容专业发展背景，作为一名汽车装饰与美容行业协会会员，将汽车装饰与美容从20世纪30年代开始，直到21世纪20年代的发展史，通过卡片制作的形式展示出来，以每10年作为一个时间段制作成一张卡片，卡片大小、内容、形式不限，制作完成后对卡片进行装裱，在汽车装饰与美容陈列厅内展示。

活动目标

(1) 能将汽车美容行业发展史在卡片上完整体现。
(2) 能对卡片进行制作和装裱。

活动计划

分工

行业发展历史：_____
20世纪30年代卡片内容、图片排版：_____
20世纪40年代卡片内容、图片排版：_____
20世纪50年代卡片内容、图片排版：_____
20世纪60年代卡片内容、图片排版：_____
20世纪70年代卡片内容、图片排版：_____
20世纪80年代卡片内容、图片排版：_____
20世纪90年代卡片内容、图片排版：_____
21世纪00年代卡片内容、图片排版：_____
21世纪10年代卡片内容、图片排版：_____
卡片外协制作：_____
卡片装裱张贴：_____

活动资源

汽车装饰与美容专业发展背景

1. 汽车装饰与美容专业概念

我国最初出现"汽车美容"的概念是在1994年，如今这个概念已被公众普遍接受，汽车美容企业常以"汽车美容中心"自称，如今这种中心已经遍布全国各地，如图1-1-1所示。所谓汽车美容，是指针对汽车各部位不同材质所需的维护条件，采用不同性质的汽车美容护理产品及施工工艺，由表及里对汽车进行细致的养护、修复和翻新，从而实现"旧车变新，新车保值，延寿增益"的效果。

汽车美容不仅能使汽车焕然一新，而且能让旧车全面彻底地翻新，并长久保持靓丽的光彩。欧美国家的汽车美容业随着整个汽车行业的发展，已经达到非常完善的地步。他们形容这一行业为"汽车保姆"，相对汽车生产、销售和维修三个行业而言,它已成为新兴的第四行业。

a)

b)

c)

d)

图1-1-1 各式各样的汽车美容企业

现代的汽车美容精致洗车,不仅仅是简单的洗车、打蜡等常规汽车美容护理,还包括利用专业汽车美容系列产品和高科技设备,采用特殊的工艺和方法,进行全车漆面美容、修复,以及底盘防护处理和发动机等系统免拆清洗等,能让用户的爱车焕然一新。

2.汽车装饰与美容行业发展背景

汽车美容项目介绍

汽车美容发展史

活动实施

1.收集信息

各小组按照活动计划分工,学生通过各种形式了解汽车装饰与美容的发展史,例如通过网络搜集、查询图书馆资料、参观汽车博物馆、了解汽车装饰与美容各类企业的企业发展史等途径,记录所获信息。

2. 组内交流

各小组对所收集的资料信息进行交流,对所掌握的信息进行分类整理,讨论要在哪些方面进行修改或补充。随后完善卡片信息,包括:内容、图片(可以是漫画的形式)、版面吸引眼球的地方、logo(标志)设计、年代特征等,并填写自评表和互评表。

活动展示

教师审核各小组制作的卡片版面电子版。卡片实物制作完成后,以画展的形式进行展览。

活动评价

成果展示之后组间互评,各小组长和教师填写《活动评价表》,如表1-1-1所示,给各小组活动成果评分,最终评出优秀活动成果。

组员间评比。通过前面各组填写的自评表、互评表,结合教师评价,选出各小组的"活动明星"。

活动评价表　　　　　　表1-1-1

评分项	是否达到目标 (30%)	活动表现 (40%)	职业素养 (30%)
评价标准	1. 完全达到; 2. 基本达到; 3. 未能达到	1. 积极参与; 2. 主动性一般; 3. 未积极参与	1. 大有提高; 2. 略有提高; 3. 没有提高
自我评价(20%)			
组内评价(20%)			
组间评价(30%)			
教师评价(30%)			
总分(100%)			
自我总结			

项目一　汽车装饰与美容专业概述

活动反思

1. 组员反思

各小组成员从以下4个方面对活动进行反思：

(1) 在小组调研活动中自己主要发挥了什么作用？扮演的角色完成了哪些任务？

(2) 在实地考察、角色扮演、交流讨论、材料搜集与整理、活动展示、评价打分等活动中，分别收获了什么？

(3) 在这次活动中有无失败的体验，以后的活动中会怎样改进？

(4) 作为一名汽车装饰与美容行业从业者，你还知道哪些不为人知的汽车装饰与美容专业发展背景知识？

2. 教师总结

依据各小组活动成果、《活动评价表》及组员间互评表对学生的表现予以评价，在充分肯定大家取得调研成果的同时，归纳开展活动的经验和方法，以期指导学生以后自主开展活动。

任务二　知道汽车装饰与美容专业发展现状

任务目标

(1) 能简单概括汽车装饰与美容专业发展现状。

(2) 知道经营一家汽车美容服务中心所必须具备的条件。

任务内容

活动：汽车美容服务中心创业体验活动。

活动：汽车美容服务中心创业体验活动

活动场景

作为一名汽车装饰与美容行业从业者，你正在尝试自己创业，但创业并非易

5

事,研究政策、调研市场、创业融资、选址、准备报表、注册商户等一系列有关汽车装饰与美容专业发展现状的功课都得提前做好,把经营一家汽车美容服务中心所必须具备的条件一一列举出来,准备妥当。

活动目标

(1)能列举出经营一家汽车美容服务中心所必须具备的条件。
(2)能说出本区域汽车装饰与美容行业发展现状。

活动计划

分工

本区域汽车装饰与美容行业发展现状资料收集:＿＿＿＿＿＿

研究政策:＿＿＿＿＿＿

调研市场:＿＿＿＿＿＿

创业融资:＿＿＿＿＿＿

选址:＿＿＿＿＿＿

准备报表:＿＿＿＿＿＿

注册商户:＿＿＿＿＿＿

活动资源

汽车装饰与美容专业发展现状

汽车美容行业现状

活动实施

1. 收集信息

各小组按照活动计划分工,学生通过各种形式了解汽车装饰与美容的发展现状、经营汽车美容店的基本条件,例如通过网络搜集、查询图书馆资料、调查本区域内的汽车美容店分布情况、参观汽车装饰与美容各类企业的各种途径,记录所获信息。

2. 组内交流

各小组对所收集的资料信息进行交流,对所掌握的信息进行分类整理,讨论要在哪些方面进行修改或补充。随后对总结的汽车装饰与美容发展现状、列举的开汽车美容店的基本条件进行完善,填写自评表和互评表。

活动展示

各小组通过 PPT 对活动调研成果进行展示,同时回答其他组员提出的问题。

活动评价

成果展示之后组间互评,各小组长和教师填写《活动评价表》,如表 1-2-1 所示,给各小组活动成果评分,最终评出优秀活动成果。

组员间评比。通过前面各组填写的自评表、互评表,结合教师评价,选出各小组的"活动明星"。

活 动 评 价 表　　　　　表 1-2-1

评分项	是否达到目标 (30%)	活动表现 (40%)	职业素养 (30%)
评价标准	1. 完全达到; 2. 基本达到; 3. 未能达到	1. 积极参与; 2. 主动性一般; 3. 未积极参与	1. 大有提高; 2. 略有提高; 3. 没有提高
自我评价(20%)			
组内评价(20%)			
组间评价(30%)			
教师评价(30%)			
总分(100%)			
自我总结			

活动反思

1. 组员反思

各小组成员从以下 4 个方面对活动进行反思:

(1)在小组调研活动中自己主要发挥了什么作用？扮演的角色完成了哪些任务？

(2)在实地考察、角色扮演、交流讨论、材料搜集与整理、活动展示、评价打分等活动中，分别收获了什么？

(3)在这次活动中有无失败的体验，以后的活动中会怎样改进？

(4)作为一名汽车装饰与美容行业从业者，你还知道哪些不为人知的汽车装饰与美容专业发展现状知识、开店小技巧？

2．教师总结

依据各小组活动成果、《活动评价表》及组员间互评表对学生的表现予以评价，在充分肯定大家取得成果的同时，归纳开展活动的经验和方法，以期指导学生以后自主开展活动。

任务三　了解汽车装饰与美容专业发展趋势

(1)能简单概括出汽车装饰与美容专业发展趋势。

(2)知道本区域内汽车装饰与美容行业近十年的演变、未来十年的发展趋势。

任务内容

活动：拍摄纪录片《十年之前、十年之后》。

活动：拍摄纪录片《十年之前、十年之后》

活动场景

国民经济与社会发展迅猛，汽车装饰与美容行业也经历了巨变。为记录下这一发展历程，根据汽车装饰与美容行业近十年的演变、未来十年的发展趋势，用视频的形式把这一发展变化记录下来，形成行业纪录片。

项目一　汽车装饰与美容专业概述

活动目标

（1）能搜集汽车装饰与美容专业发展趋势相关资料。

（2）能把汽车装饰与美容行业近十年的演变、未来十年的发展趋势用视频的形式展现出来。

（3）视频要求：

①能体现本区域汽车美容店近十年的发展变化；

②视频旁白字幕完整、用普通话；

③视频完整清晰。

活动计划

分工

采访记者：_____　　美容店店主：_____

美容店代表员工：_____　　摄像：_____

导演：_____　　编剧：_____

场景准备：_____　　后期制作：_____

活动资源

汽车装饰与美容专业发展趋势

随着我国汽车工业的快速发展，以及人们消费水平的不断增长，私家车也越来越普及。据测算，每1元购车消费会带动0.65元的汽车售后服务消费。

近年来，与汽车相关的消费呈上升趋势，而一般消费者对爱车的维护知识非常有限，意味着专业、规范、优质的汽车售后服务业，在将来的汽车消费市场中发展潜力十分巨大，这也正是筹建"绿色、环保、快捷、规范化"概念的汽车服务机构之目的所在。

随着汽车保有量的猛增，市场急需数量多、分布广、零配件质量有保障、技术水平高、诊断准确、设备先进、维修快速的具有专业服务水平的新型汽车养护美容企业，来适应日益发展的汽车后市场。所以汽车养护美容业在我国的，前景非常广阔，必将成为汽车后市场的"重头戏"，汽车养护美容服务也必将成为大众日常的消费内容。

在这种形势下，汽车装饰与美容行业面临着难得的机遇。行业从业者为把握好机遇，使整个行业的发展迅速进入良性循环，制定了相应的发展策略。

1. 加强人员培训,提供专业化人才

各大专院校和职业技校应加强汽车装饰与美容专业人才的培养,提供高素质、专业化人才。汽车美容企业应具备一定数量的专业技术人员方能开业,不同的汽车美容服务项目对技术人员的水平要求也不同,因此,可根据技术人员的技术水平和操作熟练程度,划分出不同等级并颁发相应的技术等级证书,只有拥有相应等级证书的技术人员才能从事汽车美容服务行业。这样既能保护消费者的利益,又能提高服务的技术水平。

2. 品牌化、专业化经营

行业前景好、门槛低,加上利润可观,也使得汽车装饰与美容行业朝两个方面发展:一是汽车美容连锁店的扩张,不论是本土的还是国外的品牌企业,创业店、经济店、标准店、豪华店、旗舰店一个接着一个抢占市场;二是新产品新技术不断推陈出新。

随着市场逐步规范,消费者消费意识的增强、品牌意识的形成,市场"优胜劣汰"的法则就会产生作用,这也导致现在很多汽车美容店出现亏损。市场最终会选择"有技术、服务好、底子厚、有实力"的品牌连锁店,他们代表了客户的利益,便会赢得客户、赢得市场。有专家称,从竞争态势分析,将来汽车服务业竞争,并不是资金的竞争,而是品牌与经营理念的竞争。成熟的品牌连锁企业以其本身固有的专业化、个性化、标准化服务,独具个性的企业形象识别(CI)系统与完善的物流配送体系,将会成为未来汽车服务业竞争的"主角"。建立品牌营销、保证专业的养护人才队伍是参与市场竞争根本。

3. 提高产品质量和服务质量

产品质量和服务质量是企业生存的根本,企业应通过加强产品质量管理和服务管理,为消费者提供更加优质的服务。汽车美容消费一般都不是一次性消费,汽车美容企业应提高服务意识,运用多种服务方式,提高其有形产品和无形服务的质量,以满足消费者对汽车美容服务的更高要求。另外,要在服务价格上实行透明政策,不仅使消费者在消费时能心中有数,更重要的是能吸引其后续消费;同时,还应加强营销服务网络的建设,提升服务的适应性、及时性和有效性,构建高质量的服务网络以获取更多顾客,以此在行业竞争中生存并获得持续性发展。

随着我国汽车保有量的持续上升,汽车美容市场的潜力将被逐步挖掘出来。我们有理由相信,只要在国家政策的正确引导下,通过政府有关部门的有效治

理,企业加强自身建设,紧紧抓住市场机遇,解决好自身存在的问题,汽车装饰与美容行业将一定会走上健康、稳定和持续发展的道路,在为社会提供更多就业机会的同时,也将创造出更多的社会财富,成为推动我国经济发展的重要产业。

活动实施

1. 收集信息

汽车美容行业发展趋势

各小组按照活动计划分工,学生通过各种形式了解汽车装饰与美容行业的发展趋势,例如通过网络搜集、查询图书馆资料、参观汽车博物馆、访问与调查当地汽车美容店近十年的发展状况及未来十年的发展趋势等各种途径,记录所获信息。

2. 组内交流

各小组对所收集的资料信息进行交流,对所掌握的信息进行分类整理,讨论要在哪些方面进行修改或补充。随后完善纪录片剧本信息,填写自评表和互评表。

活动展示

教师审核视频,学生以小组为单位在自媒体上展示,获取点赞量。

活动评价

视频展示之后组间互评,各小组长和教师填写《活动评价表》,如表1-3-1所示,给各小组活动成果评分,最终评出优秀视频。

组员间评比。通过前面各组填写的自评表、互评表,结合教师评价,选出各小组的"活动明星"。

活动评价表　　　　　　　　表1-3-1

评分项	是否达到目标 (30%)	活动表现 (40%)	职业素养 (30%)
评价标准	1. 完全达到; 2. 基本达到; 3. 未能达到	1. 积极参与; 2. 主动性一般; 3. 未积极参与	1. 大有提高; 2. 略有提高; 3. 没有提高
自我评价(20%)			

续上表

评分项	是否达到目标（30%）	活动表现（40%）	职业素养（30%）
组内评价(20%)			
组间评价(30%)			
教师评价(30%)			
总分(100%)			
自我总结			

活动反思

1. 组员反思

各小组成员从以下4个方面对活动进行反思：

(1)在小组视频拍摄活动中自己主要发挥了什么作用？扮演的角色完成了哪些任务？

(2)在实地考察、角色扮演、交流讨论、材料搜集与整理、活动展示、评价打分等活动中，分别收获了什么？

(3)在这次活动中有无失败的体验，以后的活动中会怎样改进？

(4)作为一名汽车装饰与美容行业从业者，你认为汽车装饰与美容行业发展前景如何？

2. 教师总结

依据各小组拍摄的纪录片、《活动评价表》及组员间互评表对学生的表现予以评价，在充分肯定大家取得成果的同时，归纳开展活动的经验和方法，以期指导学生以后自主开展活动。

项目二 汽车装饰与美容专业人才培养概述

任务一 认识工作岗位

(1)能熟练介绍汽车装饰与美容专业工作岗位。
(2)能简单介绍各工作岗位对应的岗位职责。

活动:我是"老板"。

活动:我是"老板"

汽车装饰与美容店(图 2-1-1)规模有大小之分,所以在人员配备上有很大差异。按照使用合理的原则,一般情况下有一定规模的专业汽车装饰与美容店至少应当具备哪些人员?

a)   b)

图 2-1-1 汽车装饰与美容店

活动场景

你打算开一家综合性汽车装饰与美容店,根据店面的实际情况需要招聘一批工作人员,但是你对汽车装饰与美容店的组织架构还不是很了解,现在你要去一家本地区规模比较大的汽车装饰与美容店调研,调研的内容包括汽车装饰与美容店有哪些工作岗位以及各岗位对应的工作内容、岗位职责、员工的晋升渠道等。

活动目标

(1)通过小组讨论,设计一份调研问卷,内容包括所需调研的汽车装饰与美容店岗位群相关内容。

(2)通过小组的团队合作完成调研工作。

(3)以小组为单位总结汇报汽车装饰与美容店的工作岗位以及各岗位的工作内容和岗位职责。

活动要求

(1)调研问卷要设计合理,调研重点突出,内容新颖。

(2)调研过程要做到安全、文明、有序、合理、完整。

(3)调研完成后形成一份调研报告,并进行汇报和展示。

活动计划

1. 分工

2 名咨询员:_____   2 名记录员:_____
1 名安全员:_____   1 名组长:_____
1 名拍照摄影师:_____   1 名汇报员:_____

2. 活动准备

活动需准备手机/相机、笔、记录本等。

活动资源

1. 调研问卷

山东交通技师学院汽车装饰与美容专业调研问卷

尊敬的领导,为更好地掌握汽车装饰与美容专业岗位群,现作关于此专业的

项目二　汽车装饰与美容专业人才培养概述

企业调研,感谢贵单位的配合和支持！本问卷仅限于我院教学使用,不作为任何商业用途。

企业名称：_____　　填卷人：_____　　职务：_____

电话：_____　　从事本行业年限：_____　　企业地址：_____

(1) 贵单位涉及的汽车服务项目有哪些？(　　)

  A. 美容养护　　B. 装饰贴膜　　C. 汽车精品　　D. 快修快保

  E. 钣金喷漆　　F. 汽车保险　　G. 二手车业务　　H. 其他____

(2) 贵单位从事汽车装饰与美容专业工作的形式是什么？(　　)

  A. 专门从事　　B. 主要项目　　C. 附带项目　　D. 合作外包

(3) 贵单位人员组织架构,各岗位分别有多少人(没有该岗位填"无")？

  A. 店长____　　B. 财务人员____　　C. 服务接待____　　D. 美容技师____

  E. 装饰技师____　　F. 营销人员____　　G. 维修技师____　　H. 其他____

(4) 贵单位美容装饰工位有几个？(　　)

  A. 1~2　　B. 3~4　　C. 5~6　　D. 其他____

(5) 贵单位维修工位有几个？(　　)

  A. 无　　B. 1~2　　C. 3~4　　D. 其他____

(6) 贵单位是否有贴膜专用的无尘车间？(　　)

  A. 有　　B. 无　　C. 目前没有,正在筹划

(7) 贵单位是否有专门客户休息区？(　　)

  A. 有　　B. 无　　C. 目前没有,正在筹划

(8) 贵店每月美容项目大概施工次数：

  A. 洗车____　　B. 内饰清洁____　　C. 打蜡____　　D. 封釉____

  E. 抛光____　　F. 镀膜、镀晶____　　G. 其他____

(9) 贵店每月装饰项目大概施工次数：

  A. 太阳膜粘贴____

  B. "隐形车衣"粘贴____

  C. 车身改色____

  D. 车载导航、倒车雷达、影像、360°全景影像安装____

  E. 灯光、音响升级____

  F. 底盘装甲、全车隔音作业____

  G. 玻璃修复、前照灯修复、轮毂修复、真皮修复、塑料件修复____

  H. 其他____

(10) 贵店每月维修大概施工次数：

  A. 更换油液、三滤____   B. 补胎平轮____

  C. 更换配件____   D. 其他____

(11) 贵单位从事汽车装饰与美容业务的人员来源：

  A. 本专业学校毕业____人

  B. 有汽车专业基础，转行进入____人

  C. 无基础，经过短期培训或学徒培训____人

(12) 贵单位人员晋升渠道是怎样的？（ ）

  A. 根据工龄长短

  B. 根据技能掌握水平

  C. 其他____

(13) 贵单位的工作强度如何？（ ）

  A. 每月休息四天

  B. 每月休息两天

  C. 休息时间根据客户需求量，不固定

(14) 贵单位薪酬组成方式是怎样的？（ ）

  A. 固定工资

  B. 底薪＋绩效

  C. 底薪＋绩效＋奖金

  D. 底薪＋绩效＋奖金＋保险

(15) 根据店面实际情况填写表2-1-1。

各岗位人员实际情况   表2-1-1

阶段	学徒工	中级工	高级工	技师
本岗位工作时间(单位：月)				
薪资待遇(单位：元)				
主要工作内容 （掌握技能方面）				

2. 岗位职责

  汽车装饰与美容店的规模有大小之分，所以在人员配备上有很大差异，按照

使用合理的原则,一般情况下有一定规模的专业汽车装饰与美容店至少应当配备店长、财务人员、技术人员(包括:美容技师、装饰技师、钣喷技师、维修技师等)、营销人员(包括:接待人员、营销专员、二手车业务员、保险专员等)。

1)店长岗位职责

店长(经理)(图2-1-2)负责公司的生产经营、销售管理、团队建设,完成经营指标和计划任务及一切日常事务的管理。

a) b)

图2-1-2 店长

(1)岗位职责。

①完成公司下达的任务指标,为公司获取最大利益。

②负责督促并执行公司的各项规章制度,保证公司的执行力。

③负责公司授权范围内的折扣、相关报表的量化分析及日常财务管理和监督。

④负责统计核算公司所需的各项预算,负责公司内所售商品的批量采购工作。

⑤负责商品的调配与管理,合理地配置资源,组织每月的商品、用品盘点工作。

⑥负责公司活动的执行与实施,根据需求制定规划,负责组织实施公司内外促销、宣传活动,及时、准确、有策略地开展专业性的市场调研活动,配合团队落实于行动并最终达成目标。

⑦负责公司的团队建设工作,加强员工的能力开发、技术培养,做好人员调配,协调人际关系,使员工之间保持友好的合作关系,员工对客人保持优质的服务态度。

⑧协助和配合各部门工作,当某工作岗位出现空缺时,及时调配人员进行补缺。

⑨负责公司所有员工日常考勤管理,严格执行公司作息时间,合理制定并实

施请销假制度。

⑩做好客户的定期回访工作,处理客户反馈意见及投诉,提升顾客的满意度。

⑪组织召开每日晨会,及时反馈每日工作状况和服务质量。

⑫做好各区域的"7S"❶考核管理工作。

⑬负责消防安全、生产安全等工作的管理与监督。

⑭定期对公司提出合理化建议。

⑮检查公司日常设备工具的维护,及时有效地维修以及更新。

⑯监督、检查员工对公司制度的执行情况。对在工作中的失职、失误及违反公司规章制度等行为及时制止,有权提出批评并督促其立即改正。对于屡教不改者有权填写罚款单,经总经理审核同意后执行。

⑰完成总经理交办的其他任务。

(2)店长岗位关键绩效指标。

①门店经营收入、利润。

②公司团队建设和素质提高。

③运营成本费用控制情况。

④规章制度的执行力。

⑤控制技术、管理等关键人员流失率。

⑥提高客户满意度。

2)专业技术人员岗位职责

(1)美容技师岗位职责。

美容技师(图 2-1-3)要协助店长完成美容养护的经营指标和计划任务,按照工作的分工权限或按授权处理公司有关事务,依照规范的施工流程对车辆进行清洁养护作业,并负责本部门新进员工的培训和考评等工作。

美容技师的具体岗位职责如下:

①规范使用作业设备及工具,合理使用美容产品,爱护公司财物。

②施工过程严格按"7S"管理标准作业。

③做好美容产品及耗材的使用计划与领取。

④按照标准施工流程规范完成汽车外部清洗工作。

⑤按照标准施工流程规范完成汽车内饰清洁工作。

---

❶ "7S"指整理、整顿、清扫、清洁、素养、安全、节约。

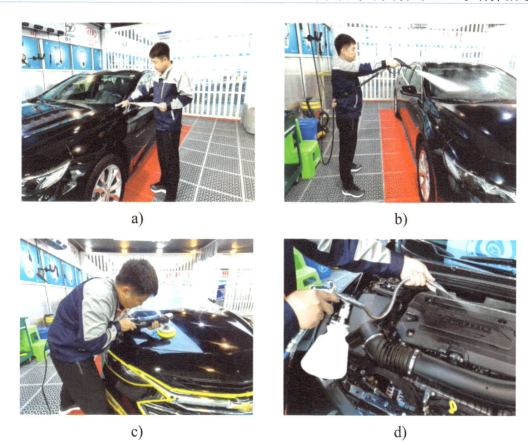

a)　　　　　　　　　　　　b)

c)　　　　　　　　　　　　d)

图 2-1-3　美容技师

⑥按照标准施工流程规范完成汽车漆面打蜡、封釉、镀膜、镀晶工作。

⑦按照标准施工流程规范完成汽车漆面研磨、抛光、镜面处理工作。

⑧按照标准施工流程规范完成汽车内饰杀菌消毒、空调清洗等工作。

⑨按照标准施工流程规范完成汽车内饰真皮、塑料橡胶件等清洁养护工作。

⑩完成美容、养护各施工项目结束后的质检工作。

⑪负责对新员工的技能培训、考评及日常管理。

⑫监督和检查新员工文明作业,施工过程中的仪容仪表、服务礼仪、态度。

⑬做好月初计划与月末总结,做好统计日报表、月报表及相关分析。

⑭负责为客户解答汽车美容与养护方面的疑问,增加客户满意度。

⑮带领本部门人员协助其他部门推广相关促销活动。

⑯积极向顾客推荐其他部门的产品、服务项目。

⑰使设备的定期检查、定期养护、工具保管落实到个人。

⑱定期做好洗车工位淤泥清除工作和格栅的清洁工作。

⑲下班前组织本部门人员探讨当天的施工情况,分享实际案例,提升服务

水平。

⑳下班前总结当日工作,填写工作日志,确认次日预约顾客、安排相关服务人员。

㉑下班前检查并确认美容与养护区域的水、电已关停及工具设备摆放安全。

(2) 装饰技师岗位职责。

装饰技师(图 2-1-4)要协助店长完成汽车装饰的经营指标和计划任务,按照工作的分工权限或按授权处理公司有关事务,依照规范的施工流程对车辆进行装饰作业,并负责本部门对新员工的培训和考评等工作。

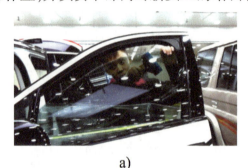
a)

b)

图 2-1-4　装饰技师

装饰技师的具体岗位职责如下:

①规范使用作业设备及工具,合理使用美容产品,爱护公司财物。

②施工过程严格按照"7S"管理标准作业。

③做好美容产品及耗材的使用计划与领取。

④按照标准施工流程规范完成太阳膜粘贴工作。

⑤按照标准施工流程规范完成"隐形车衣"粘贴。

⑥按照标准施工流程规范完成车身改色作业。

⑦按照标准施工流程规范完成汽车电气设备安装(车载导航,倒车雷达、影像、360°全景影像安装,灯光、音响升级)。

⑧按照标准施工流程规范完成汽车玻璃修复、前照灯修复、轮毂修复、真皮修复、塑料件修复。

⑨按照标准施工流程规范完成汽车底盘装甲、全车隔音作业。

⑩完成汽车装饰各施工项目结束后的质检工作。

⑪负责对新员工的技能培训、考评及日常管理。

⑫监督和检查新员工文明作业,施工过程中的仪容仪表、服务礼仪、态度。

⑬做好月初计划与月末总结,做好统计日报表、月报表及相关分析。

⑭负责为客户解答汽车美容与养护方面的疑问,增加客户满意度。

⑮带领本部门人员协助其他部门推广相关促销活动。

⑯积极向顾客推荐其他部门的产品、服务项目。

⑰使设备的定期检查、定期养护、工具保管落实到个人。

⑱定期做好装饰工位的清洁工作。

⑲下班前组织本部门人员探讨当天的施工情况,分享实际案例,提升服务水平。

⑳下班前总结当日工作,填写工作日志,确认次日预约顾客、安排相关服务人员。

㉑下班前检查并确认美容与养护区域的水、电已关停及工具设备摆放安全。

(3)维修技师岗位职责。

维修技师(图2-1-5)要协助店长完成汽车维修的经营指标和计划任务,按照工作的分工权限或按授权处理公司有关事务,依照规范的施工流程对车辆进行维修作业,并负责本部门对新员工的培训和考评等工作。

   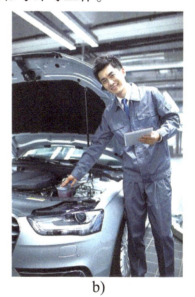

a)　　　　　　　　　　　　b)

图2-1-5　维修技师

维修技师的具体岗位职责如下:

①规范使用作业设备及工具(举升机、空气压缩机、解码检测设备等)。

②施工过程严格按照"7S"管理标准作业。

③做好维修耗材的使用计划与领取。

④按照标准施工流程规范完成常规维护工作。

⑤按照标准施工流程规范完成配件更换。
⑥按照标准施工流程规范完成四轮定位扒胎、补胎作业。
⑦按照标准施工流程规范完成常规维修作业。
⑧完成汽车维修各施工项目结束后的质检工作。
⑨负责对新员工的技能培训、考评及日常管理。
⑩监督和检查新员工文明作业,施工过程中的仪容仪表、服务礼仪、态度。
⑪做好月初计划与月末总结,做好统计日报表、月报表及相关分析。
⑫负责为客户解答汽车维修方面的疑问,增加客户满意度。
⑬带领本部门人员协助其他部门推广相关促销活动。
⑭积极向顾客推荐其他部门的产品、服务项目。
⑮使设备的定期检查、定期养护、工具保管落实到个人。
⑯定期做好维修工位的清洁工作。
⑰下班前组织本部门人员探讨当天的施工情况,分享实际案例,提升服务水平。
⑱下班前总结当日工作,填写工作日志,确认次日预约顾客、安排相关服务人员。
⑲下班前检查并确认维修区域的水、电已关停及工具设备摆放安全。

(4)钣喷技师岗位职责。

钣喷技师(图2-1-6)要协助店长完成汽车钣金涂装的经营指标和计划任务,按照工作的分工权限或按授权处理公司有关事务,依照规范的施工流程对事故车辆进行钣金修复、车身涂装,并负责本部门新进员工的培训和考评等工作。

a)
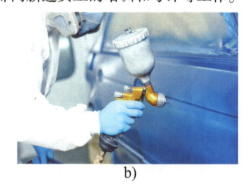
b)

图2-1-6　钣喷技师

钣喷技师的具体岗位职责如下:
①规范使用作业设备及工具(空气压缩机、喷枪、车身整形设备),合理使用钣金喷涂产品,爱护公司财物。

②施工过程严格按照"7S"管理标准作业。
③做好钣金喷涂产品及耗材的使用计划与领取。
④按照标准施工流程规范完成车身测量、损伤的分析。
⑤按照标准施工流程规范完成车身钣金的整形、拉伸矫正、去应力焊接。
⑥按照标准施工流程规范完成汽车车身附件装配、调整等工作。
⑦按照标准施工流程规范完成车身形状的恢复和塑造。
⑧按照标准施工流程规范完成汽车中涂底漆的调配和喷涂。
⑨按照标准施工流程规范完成汽车素色、银粉、珍珠油漆的喷涂。
⑩完成钣金、喷涂各施工项目结束后的质检工作。
⑪负责对新员工的技能培训、考评及日常管理。
⑫监督和检查新员工文明作业,施工过程中的仪容仪表、服务礼仪、态度。
⑬做好月初计划与月末总结,做好统计日报表、月报表及相关分析。
⑭负责为客户解答汽车钣金喷涂方面疑问,增加客户满意度。
⑮带领本部门人员协助其他部门推广相关促销活动。
⑯积极向顾客推荐其他部门的产品、服务项目。
⑰使设备的定期检查、定期养护、工具保管落实到个人。
⑱定期做好钣金喷涂工位清洁工作。
⑲下班前组织本部门人员探讨当天的施工情况,分享实际案例,提升服务水平。
⑳下班前总结当日工作,填写工作日志,确认次日预约顾客、安排相关服务人员。
㉑下班前检查并确认钣金喷涂区域的水、电已关停及工具设备摆放安全。

3)营销人员岗位职责

(1)营销专员岗位职责。

营销专员(图2-1-7)要协助店长完成销售部的经营指标和计划任务,按照工作的分工权限或按授权处理店内有关事务。

营销专员的具体岗位职责如下:
①在店长(经理)的领导下完成美容产品及服务项目的销售工作。
②协助店长(经理)制定销售部量化工作指标,追踪销售指标完成情况。
③定期组织其他岗位员工的相关礼仪培训(仪容仪表、行为规范、服务礼仪)。

a)　　　　　　　　　　　　b)

图 2-1-7　营销专员

④定期向店长(经理)提出销售部各项规章制度的完善建议。

⑤起草销售各项费用预算及负责其送审、申报工作。

⑥做好销售展区的消防安全,及时处理各项突发事件。

⑦负责公司销售展区卫生区域的清洁与保持。

⑧负责相关商品的有序陈列摆放、上架、下架等工作。

⑨及时向店长(经理)提醒商品的补货、采购。

⑩草拟公司的促销活动建议。

⑪做好新老客户的回访以及关怀工作。

⑫负责仓库商品的出、入库管理。

⑬与美容组、装饰组、维修组协调配合,保证公司的正常运作。

⑭下班前检查确认公司、前台以及各个区域的水、电、机器设备已关停并摆放安全。

(2)前台接待人员岗位职责。

前台接待人员负责公司洗车美容、汽车装饰,维修及其他服务项目业务的派单工作,并要做好顾客接待、客户回访工作(图2-1-8)。

a)　　　　　　　　　　　　b)

图 2-1-8　前台接待人员

前台接待人员的具体岗位职责如下:
① 接车登记,客户信息的准确录入。
② 引导客户进入休息区,并做好服务接待相关工作。
③ 完成服务项目引导和说明工作。
④ 负责派工单的开具。
⑤ 随时解答顾客的疑问,如有不能解答的需及时帮助顾客找相应的工作人员进行解答。
⑥ 完成车辆施工完毕后的二次质检及交车工作。
⑦ 做好新老客户的回访以及关怀工作。
⑧ 认真填写客户急需货品的订单工作,并及时反馈。
⑨ 负责区域内卫生清理。
⑩ 推销会员卡类服务及其他有关的促销活动。
⑪ 对客户解释说明相关活动规则。

4) 财务人员岗位职责

(1) 收银员岗位职责。

收银员负责公司销售、洗车美容、汽车装饰,维修及其他服务项目业务的出纳收银工作,做好每日应收应付、出纳日记账(图2-1-9)。

收银员的具体岗位职责如下:
① 负责收银结算工作。
② 完成销售发票,必要账类的管理。
③ 完成各部门人员销售经营当日数据核对与统计。
④ 完成日报表、周报表、月报表的编制与报告。

图 2-1-9　记账

⑤ 相关活动奖品的管理与兑换发放。
⑥ 向客户推介相关促销活动。
⑦ 负责责任区域内的卫生打扫,办公设备的维护。
⑧ 随时解答顾客的疑问,如有不能解答的需及时帮助顾客找相应的工作人员进行解答。
⑨ 将当天销售的商品及人员、施工项目及人员录入电脑。

(2) 出纳岗位职责。

① 认真执行现金管理制度,管好库存现金。

②负责现金收付和结算,及时、准确办理现金报销结算业务。

③负责登记核算现金日记账。

④配合会计做好各种财务处理。

⑤负责保管有关印章、财政收据及现金支票。

⑥及时办理银行业务,每月定期与银行对账,及时缴纳各项费税。

⑦办理费用借还事项。

（3）会计岗位职责。

①按照国家会计制度,正确设置和使用会计科目、会计账户和会计账簿。

②参与工资计划的编制工作,监督工资基金的使用。

③组织公司各部门的工资和奖金计算、发放工作。

④负责工资的结算与分配核算工作。

⑤及时做好总账和有关明细账的登记工作,做好各项财务结算工作。

⑥按月总结财务活动,按时编制提供财务分析报告。

⑦按时编制财务报表,编制财务情况说明书,并上报总经理。

⑧督促出纳及时交纳各项应交款项,做好往来账款的清查。

⑨按月、季、年整理、装订各种会计档案资料,按照会计档案管理的有关规定,保管好有关会计资料。

⑩加强备用金借款的管理,及时办理借款和报销手续,按规定的开支标准严格审查有关支出。

⑪贯彻有关材料核算的制度和规定,负责所属处室材料核算业务指导工作,会同有关部门拟定材料管理与核算实施办法。

⑫审核材料采购原始凭证,加强采购业务的结算工作。

⑬负责有关材料、配件、设备等明细账的记账、结账、清账工作,协同有关部门办理商品材料及设备盘盈、盘亏、报损的审批手续。

⑭对盘盈、盘亏、报损的资产,按规定审批手续进行账务处理。

⑮负责材料明细账的整理、编号、装订、归档工作。

⑯做好流动资金管理与核算工作,落实安排流动资金使用计划。

⑰按年、季、月分别编制流动资金计划和银行借款计划。

⑱负责流动资金调度,组织流动资金供应,考核流动资金的使用效果。

⑲负责流动资金的核算,编制流动资金报表,正确反映资金动态。

⑳负责组织审核凭证,监督各种结算方式,检查其合理性、合法性、准确性。

㉑完成上级交办的其他任务。

（4）仓库管理员岗位职责。

仓库管理员负责管理公司物品的领用和库存情况（图2-1-10）。

仓库管理员的具体岗位职责如下：

①认真执行公司财产保管和分发物品的各项规定，坚持原则，保证供应。

②物资购进入库要认真验收质量，并分别登记入账，做到物账相符，防止差错。

③添购各种物品要有计划，注意节约使用，既要有一定数量的库存，又要防止积压浪费。

图2-1-10　仓库管理员

④管好各类物品器材库房，做到分类存放、整齐干净，注意经常查库，防止不必要的损失。

⑤发出物品器材须经店长（经理）批准，按规定手续领用，做到账目清楚、有据可查。凡非本职工作之物品可拒发，或请店长（经理）复核后再领。

⑥外借物品、工具等，要查明用途，办好借用手续，并注意及时催还，重要物品外借需经店长（经理）批准。

⑦定期盘库结算，并及时向店长汇报。

⑧做好联系和指导各部门物品保管工作，督促他们保管好设备财产。

⑨平时注意巡检、回收散置物品、物资、器材等。对于人为损坏丢失者，要抓紧追赔。

⑩做好临时分配的其他工作。

活动实施

1. 设计问卷

小组讨论，设计一份企业调研问卷，内容包括所需调研的汽车装饰与美容店岗位群的相关内容。

2. 实地调研

教师带领学生参观校企合作企业中的汽车装饰与美容店，了解汽车装饰与美容店岗位人员配置，按分工角色详细了解店内岗位和岗位职责。记录所获信息，并填写表2-1-2。

岗位群及岗位职责表　　　　　表2-1-2

序号	岗位群	职位描述

3. 汇报展示

根据调研的内容完成《岗位群及岗位职责表》并形成一份《岗位群调研评价表》(表2-1-3)，再以小组为单位进行汇报与展示。

岗位群调研评价表　　　　　表2-1-3

评分项	是否达到目标（30%）	活动表现（40%）	职业素养（30%）
评价标准	1.完全达到； 2.基本达到； 3.未能达到	1.积极参与； 2.主动性一般； 3.未积极参与	1.大有提高； 2.略有提高； 3.没有提高
自我评价(20%)			
组内评价(20%)			
组间评价(30%)			
教师评价(30%)			
总分(100%)			
自我总结			

活动反思

1. 组员反思

各小组成员从以下 4 个方面对活动进行反思：

(1) 在小组调研活动中自己主要发挥了什么作用？

(2) 在实地考察、角色扮演、交流讨论、材料调查整理、活动展示、评价打分等活动中，分别收获了什么？

(3) 在这次活动中有无失败的体验，以后的活动中会怎样改进？

(4) 针对岗位群分布，初步确立自己的就业意向。

2. 教师总结

依据各小组设计的《岗位群—岗位职责表》《岗位群调研评价表》及组员间互评表对学生的表现予以评价，在充分肯定大家取得调研成果的同时，归纳角色扮演活动的经验和方法，以期指导学生以后自主开展活动。

任务二　知道能力需求

任务目标

(1) 能简单概括汽车装饰与美容专业所对应岗位群的培养目标。

(2) 能正确说出通用职业能力所包含的职业素质、专业能力、岗位能力、方法能力、社会能力。

任务内容

活动一：我来做店长，角色扮演专业培养目标调研活动。

活动二：汽车装饰与美容"大国工匠"知多少。

活动一：我来做店长，角色扮演专业培养目标调研活动

汽车装饰与美容专业的培养目标必须符合区域经济发展需求、行业特征、产

业结构、职业要求,根据行业发展进行专业定位,以学生就业为导向确定人才培养目标。

活动场景

根据上一任务了解到的汽车装饰与美容专业岗位群及岗位职责,假设你是一个汽车装饰与美容店的店长,你将如何确定店里各岗位的培养目标,各岗位人员最终达到什么样的水平,才能使你的店实现经济效益最大化。

活动目标

(1)能正确说出汽车装饰与美容专业的培养目标。
(2)能设计、填写《岗位群—培养目标对照表》。

活动计划

分工
店长:＿＿＿＿＿＿＿＿＿＿＿＿　　财务部:＿＿＿＿＿＿＿＿＿＿＿＿
技术部:＿＿＿＿＿＿＿＿＿＿＿＿　　美容技师:＿＿＿＿＿＿＿＿＿＿＿
装饰技师:＿＿＿＿＿＿＿＿＿＿＿　　钣喷技师:＿＿＿＿＿＿＿＿＿＿＿
维修技师:＿＿＿＿＿＿＿＿＿＿＿　　营销专员:＿＿＿＿＿＿＿＿＿＿＿
二手车业务员:＿＿＿＿＿＿＿＿＿　　保险专员:＿＿＿＿＿＿＿＿＿＿＿
《岗位群—培养目标对照表》设计:＿＿＿＿＿＿＿＿＿＿＿＿＿＿＿＿

活动资源

汽车装饰与美容专业培养目标如下:

(1)本专业培养的人才应理想信念坚定,德、智、体、美、劳全面发展,具有一定的科学文化水平,良好的人文素质、职业道德和创新意识,精益求精的工匠精神,较强的就业能力和可持续发展能力。

(2)具有良好职业道德素质和团队精神。

(3)能独立学习与职业相关的新技术、新知识,对社会、企业和客户有强烈的责任意识,成为具有职业发展基础的应用性高技能专业技术人员。

(4)掌握汽车维护、汽车美容与装潢、汽车配件管理等职业岗位所必备的基本知识,具备汽车装饰与美容技术服务与管理基本能力,具有创新意识、创业能力。

活动实施

1. 实地考察、收集信息

带领学生参观校企合作企业中的汽车装饰与美容店,了解汽车装饰与美容店岗位人员配置,按分工角色详细了解各岗位职责以及胜任岗位必须具备的能力。记录所获信息,填写《岗位群—培养目标对照表》。

2. 组内交流

各小组对所收集的资料信息进行交流。讨论作为一个汽车装饰与美容店的管理者,对于各岗位的培养目标所掌握的信息是否充分,要在哪些方面做些修改或补充。随后完善《岗位群—培养目标对照表》,填写自评表和互评表。

活动展示

各小组通过PPT对活动调研成果进行交流展示,同时回答其他组员提出的问题。

活动评价

成果展示之后组间互评,各小组长和教师填写《专业培养目标调研评价表》,如表2-2-1所示,给各小组调研成果评分,最终评出优秀调研成果。

组员间评比。通过前面各组填写的《岗位群—培养目标对照表》,结合教师评价,选出各小组的角色扮演明星。

专业培养目标调研评价表 表2-2-1

评分项	是否达到目标（30%）	活动表现（40%）	职业素养（30%）
评价标准	1. 完全达到; 2. 基本达到; 3. 未能达到	1. 积极参与; 2. 主动性一般; 3. 未积极参与	1. 大有提高; 2. 略有提高; 3. 没有提高
自我评价(20%)			
组内评价(20%)			
组间评价(30%)			

续上表

评分项	是否达到目标（30%）	活动表现（40%）	职业素养（30%）
教师评价(30%)			
总分(100%)			
自我总结			

活动反思

1. 组员反思

各小组成员从以下4个方面对活动进行反思：

(1)在小组调研活动中自己主要发挥了什么作用？扮演的角色完成了哪些任务？

(2)在实地考察、角色扮演、交流讨论、材料调查整理、活动展示、评价打分等活动中，分别收获了什么？

(3)在这次活动中有无失败的体验，以后的活动中会怎样改进？

(4)作为一个汽车装饰与美容店的管理者，你认为各岗位的培养目标应该包括哪些方面？

2. 教师总结

依据各小组设计的《岗位群—培养目标对照表》《专业培养目标调研评价表》及组员间互评表对学生的表现予以评价，在充分肯定大家取得调研成果的同时，归纳角色扮演活动的经验和方法，以期指导学生以后自主开展活动。

活动二：汽车装饰与美容"大国工匠"知多少

当今世界已进入全球化时代，随着社会产业升级，劳动力结构变化，过去单一的专业知识技能已无法满足社会经济发展的需求。随着职业更迭的加快，对职业的适应性要求越来越高，通用职业素质成为人们获取可持续发展的原动力。

项目二 汽车装饰与美容专业人才培养概述

活动场景

通过各种途径搜集汽车装饰与美容行业内的"大国工匠",分组讨论他们的成长历程、性格特点、成功途径、职业能力,总结他们身上值得我们学习的优良品质。结合"大国工匠"身上的优良品质,分析下自己的性格特点以及走上工作岗位后应具备的职业能力。

活动目标

(1)能正确说出通用职业能力的核心要求。
(2)能进行自我学习,总结学习内容,提出具有一定深度的问题。
(3)能正确定位自己,直面自己的性格缺点,发现自己的优点。

活动计划

(1)分工搜集汽车装饰与美容"大国工匠"资料,并总结大国工匠的成长历程、性格特点、成功途径、职业能力。

成长历程:＿＿＿＿＿＿＿＿＿＿＿＿＿

性格特点:＿＿＿＿＿＿＿＿＿＿＿＿＿

成功途径:＿＿＿＿＿＿＿＿＿＿＿＿＿

职业能力(职业素质):＿＿＿＿＿＿＿＿＿＿

职业能力(专业能力):＿＿＿＿＿＿＿＿＿＿

职业能力(岗位能力):＿＿＿＿＿＿＿＿＿＿

职业能力(方法能力):＿＿＿＿＿＿＿＿＿＿

职业能力(社会能力):＿＿＿＿＿＿＿＿＿＿

(2)正确定位自己(自我介绍):

包括性格缺点、优点;自身具备哪些职业能力使自己能胜任社会岗位;对标大国工匠的职业能力,寻找差距。

活动资源

通用职业能力

1. 职业素质

(1)热爱社会主义祖国和社会主义事业、拥护党的基本路线,在习近平新时代中国特色社会主义指引下,践行社会主义核心价值观,具有深厚的爱国情感和中华民族自豪感。

(2)具有强烈的社会责任感、明确的职业理想和良好的职业道德,勇于自谋职业和自主创业,能自觉遵守行业法规、规范和企业规章制度。

(3)具有健康的体魄和良好的心理,能胜任本专业岗位的工作,能在工作中寻求协作,对在竞争中遭遇的挫折具有足够的心理承受能力,能在艰苦的工作中不怕困难、奋力进取,不断激发工作热情。

(4)具有热爱劳动的观念,善于和劳动人民进行情感沟通,了解劳动知识,掌握劳动本领,有从事艰苦工作的思想准备。

(5)具有良好的人际交往与团队协作能力。

(6)具有积极的职业竞争和服务意识。

(7)具有较强的安全文明生产与节能环保意识。

2. 专业能力

(1)了解汽车专业英语知识。

(2)掌握汽车发动机、底盘、车身、电器、空调的结构和工作原理。

(3)掌握汽车机械基础知识,并能进行简单的钳工作业。

(4)掌握汽车电工电子基础知识,能识读汽车电路图,并能进行简单电路零部件的检测。

(5)学会使用汽车维修设备说明书和汽车维修技术资料。

(6)掌握汽车维修业务接待流程及基本知识。

(7)熟悉汽车内、外清洁的作用、流程,并能进行操作,会选用设备材料。

(8)掌握汽车美容常见项目的产品选用、设备使用,能进行常规操作。

(9)掌握汽车装饰常见项目的产品选用、设备使用,能进行常规操作。

(10)了解国内汽车装饰与美容专业的法律法规要求和发展趋势。

(11)能进行汽车装饰与美容作业施工的成本估算、费用结算。

(12)了解汽车装饰与美容企业机构设置和岗位职责。

(13)能对本人完成的作业内容进行质量检验和评价。

(14)具备专业必需的汽车装饰、汽车美容等技术应用能力。

(15)知识、能力、素质协调发展,能独立分析和解决问题。

3. 岗位能力

(1)掌握汽车装饰与美容作业合格标准,能对顾客提出的问题进行解答。

(2)具有安全、文明生产和环境保护的相关知识和技能。

(3)遵循标准的规范要求,对已完成的工作进行记录,遵守事故防护规章。

4.方法能力

(1)具有通过网络、文献等不同途径获取信息并进行信息处理的能力。

(2)具有制订工作计划、解决实际问题的能力。

(3)具有独立学习获取新知识和新技能的能力。

(4)具有一定的自我控制、管理及评估总结工作结果的能力。

5.社会能力

(1)具有团队合作、沟通协调、人际交往能力和客户服务意识。

(2)具有良好的语言、文字表达能力和沟通能力,能通过语言表达使客户清楚维修作业的目的和为客户提供用车建议。能通过语言或书面表达方式就工作任务与合作人员或部门之间进行沟通。

(3)具有较强的社会适应性。

(4)具有良好的职业道德,社会责任感强、遵纪守法。

活动实施

1.阅读观察、收集信息

带领学生观看汽车装饰与美容专业领域内的大国工匠经典视频,阅读相关资料介绍,进一步熟悉了解大国工匠们的性格特点。分析他们成功的秘诀,总结他们所具有的核心职业能力。

2.组内交流

各小组对所收集的资料信息进行交流。讨论在搜集并了解大国工匠资料活动中的收获,总结提炼他们所具有的相关通用职业能力,并填写活动计划中的成长历程、性格特点、成功途径、职业能力表格和自我评价表格。

活动展示

各小组通过PPT或展示卡纸对讨论结果进行交流展示,同时能回答其他组员提出的相关问题。

活动评价

成果展示之后组间互评,各小组长和教师填写《通用职业能力学习评价表》,

如表 2-2-2 所示，最终评出优秀学习小组。

通用职业能力学习评价表　　　　表 2-2-2

评分项	是否达到目标（30%）	活动表现（40%）	职业素养（30%）
评价标准	1. 完全达到； 2. 基本达到； 3. 未能达到	1. 积极参与； 2. 主动性一般； 3. 未积极参与	1. 大有提高； 2. 略有提高； 3. 没有提高
自我评价(20%)			
组内评价(20%)			
组间评价(30%)			
教师评价(30%)			
总分(100%)			
自我总结			

活动反思

1. 组员反思

各小组成员从以下 3 个方面对活动进行反思：

（1）阅读大国工匠传记后的收获。

（2）自我的重新认知。

（3）个人以后的发展规划。

2. 教师总结

依据各小组设计的《大国工匠资料表格》《通用职业能力学习评价表》及组员间互评表对学生的表现予以评价，在充分肯定大家取得调研成果的同时，归纳"汽车装饰与美容"大国工匠知多少活动的经验和方法，以期指导学生以后自主开展活动。

任务三　了解课程设置

任务目标

（1）能熟练说出汽车装饰与美容专业所开设的课程。
（2）能简单介绍汽车装饰与美容专业各个课程所开设的目的。
（3）能详细介绍汽车装饰与美容专业专业课的开设目的，并结合开设目的简单说说自己对专业课的了解。

任务内容

活动："我的课程"我来说，视频制作比赛。

活动："我的课程"我来说，视频制作比赛

活动场景

新生家长到学院招生就业处想了解一下汽车装饰与美容专业开设了哪些课程，以及课程开设的目的是什么。选择汽车装饰与美容专业中的一门课程用你的方式给新生家长介绍一下，让其对这门课程能有深刻印象，最终将介绍的过程用视频的形式记录下来。

活动目标

能用普通话流利地给新生家长介绍汽车装饰与美容专业中一门课程的开设目的，能将介绍过程（视频、照片）合成2分钟左右的视频。
视频要求如下：
（1）"剧本"合理、完整；
（2）介绍时能用普通话，大方、得体；
（3）视频完整、清晰。

活动计划

1. 分组

将学生分成若干小组,每组选取汽车装饰与美容专业中的一门课程,各小组选取的课程不能重复。

2. 分工

2 名新生家长：_____　　1 名介绍人员：_____
1 名摄像：_____　　　　1 名拍照人员：_____
1 名导演：_____　　　　1 名编剧：_____
后期制作：_____

3. 设备准备

_____

4. 剧本准备

_____
_____
_____
_____

活动资源

1. 汽车装饰与美容专业主要开设课程

汽车装饰与美容专业课程设置主要分为专业课,专业基础课和公共课三部分,各部分的课程设置情况见表 2-3-1、表 2-3-2 和表 2-3-3。

专　业　课　　　　　　　表 2-3-1

序号	课程名称	序号	课程名称
1	汽车装饰与美容	4	汽车维护
2	汽车发动机构造与维修	5	汽车电气设备
3	汽车底盘构造与维护		

专业基础课　　　　　　　　　表 2-3-2

序号	课 程 名 称	序号	课 程 名 称
1	机械识图	4	电工与电子技术基础
2	汽车文化	5	汽车材料
3	机械基础		

公　共　课　　　　　　　　　表 2-3-3

序号	课 程 名 称	序号	课 程 名 称
1	思政	6	职业生涯规划
2	语文	7	就业指导
3	数学	8	安全
4	体育	9	汽车维修企业管理
5	计算机		

2．各课程开设的目的

1）专业课

（1）汽车装饰与美容。

汽车装饰与美容课程目的是针对汽车各部位不同材质所需的维护要求，利用专业美容系列高科技技术设备，采用不同性质的汽车美容护理产品及施工工艺，对汽车进行全新美容护理，如图 2-3-1 所示。这些操作不仅使汽车焕然一新，保持艳丽的光彩，更能达到旧车全面彻底翻新，新车保值，延长使用寿命的功效。

图 2-3-1　对汽车各部位进行美容护理

(2)汽车发动机构造与维修。

该课程的开设目的是通过学习,使学生掌握发动机的燃烧过程及相关的热力学知识;掌握发动机曲柄连杆机构、配气机构、点火系统、起动系统、冷却系统、润滑系统、燃油供给系统、进排气系统的构造、工作原理、检修和故障诊断等知识;并具备发动机的装配调试和发动机综合故障诊断的能力(图2-3-2)。

(3)汽车底盘构造与维护。

该课程是一门汽车维修专业必修课,是学生掌握汽车基本结构和基本工作原理的入门课程,如图2-3-3所示,以培养学生熟悉汽车各总成的结构、工作原理、拆装、检测与调整为主要目的,为后续专业课程的学习和将来从事与汽车相关的工作打下必要的专业基础。后续有汽车维护、汽车故障诊断技术等专业课程。

图2-3-2　发动机的装配调试和发动机综合故障诊断

a)　　　　　　　　　　b)

图2-3-3　汽车底盘基本结构

(4)汽车维护。

汽车维护是技工类院校汽车维修专业的一门专业课程。本课程目的是培养学生的职业岗位基本技能,并为进一步培养学生的职业岗位综合能力和关键能力奠定坚实基础。如图2-3-4所示,通过一体化教学活动,使学生具备对汽车进行维护的技能,初步形成一定的学习能力和实践能力,培养学生诚实、守信、善于沟通和合作的品质,以及环保节能和安全意识。

(5)汽车电气设备。

该课程是技工类院校汽车维修专业的一门专业课。其任务是使学生系统地

图 2-3-4　汽车维护

掌握汽车电器的构造(图 2-3-5)、工作原理、工作特性,正确使用各类汽车电器的方法,了解现代汽车电器的发展方向。为学习汽车构造等专业课程和毕业后所从事的工作打下基础。

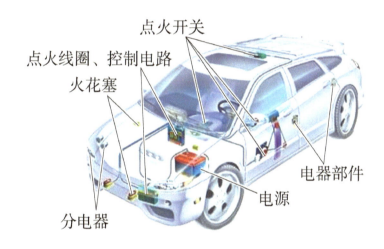

图 2-3-5　汽车电器的构造

2)专业基础课

(1)机械识图。

机械识图课程是技工院校汽车类专业的一门重要专业基础课程,该课程开设的目的是使学生掌握机械制图的基本知识,能熟练阅读中等复杂程度的零件图和简单的装配图,能徒手绘制较简单的零件图和简单的装配图,了解机械制图国家标准和行业标准,培养学生的空间想象力和以图展现物体三维特征的能力,能进行简单零件测绘,养成严谨、细致的工作作风。

(2)汽车文化。

汽车文化课程是汽车专业的一门专业基础课程,该课程开设的目的是使学生了解汽车的产生与发展、世界著名汽车公司等汽车知识,让学生全面了解汽车、熟悉汽车、爱好汽车,从而培养学生对汽车相关知识的兴趣,提高学

生的人文素养和综合素质,为继续学习其他专业课程奠定了扎实的基础知识。

(3)机械基础。

机械基础是技工院校汽车类专业的一门专业基础课程。该课程开设的目的是使学生通过本课程的学习,可以将机械传动、常用机构、常用零件、液压传动等与汽车专业方面的知识和技能紧密结合起来,从而掌握必备的机械基础知识和基本技能,懂得机械工作原理,为后续专业课程的学习奠定基础。

(4)电工与电子技术基础。

电工电子技术已经广泛应用于生产和生活的各个领域,大部分汽车类专业也会涉及仪器仪表的使用和维护及其注意事项。开设电工与电子技术基础课程可以使学生具备电路分析、模拟电子技术、电气控制技术等基本知识和基本技能,让学生更加安全、正确地使用和维护设备,并能正确检修设备。此外,随着科技的发展,新能源汽车将会是未来发展趋势,学好电工与电子技术基础课程可为学生掌握职业技能,提高全面素质,增强职业应变能力和继续学习能力打下一定的基础。

(5)汽车材料。

汽车材料课程是技工院校汽车类专业的一门重要专业基础课程,通过该课程的学习,使学生初步掌握汽车常用金属材料、非金属材料和汽车运行材料的性能、分类、品种、牌号和主要规格,以及合理选择并正确使用汽车材料的基本知识和相关技能,为今后从事汽车类相关工作打下基础。

3)公共课

(1)思政。

为深入贯彻落实习近平总书记关于教育的重要论述和全国教育大会精神,把思想政治教育贯穿人才培养体系,全面推进思政建设,发挥好每门课程的育人作用,提高人才培养质量,设思政课。

(2)语文。

语文是最重要的交际工具,是人类文化的重要组成部分,工具性与人文性的统一,是语文课程的基本特点。语文课程是中等职业学校学生必修的一门公共基础课。该课程指导学生正确理解与运用祖国的语言文字,注重基本技能的训练和思维模式的塑造,加强语文实践,培养语文的应用能力,为综合职业能力的形成,以及继续学习奠定基础。语文课程可以提高学生的思想道德修养和科学文化素养,弘扬民族优秀文化和吸收人类进步文化,为培养高素质劳动者服务。

中等职业学校语文课程要在九年义务教育的基础上,培养学生热爱祖国语言文字的思想感情,使学生进一步提高正确理解与运用祖国语言文字的能力,提高科学文化素养,以适应就业和创业的需要。语文课程要遵循技术技能人才成长规律,彰显职教特色,加强教学内容与社会生活、职业生活的联系,突出语文实践;注重语文课程与专业课程的融通与配合,指导学生学习必需的语文基础知识,掌握日常生活和职业岗位需要的现代文阅读能力、写作能力、口语交际能力。

(3)数学。

数学教育作为教育的组成部分,在发展和完善人的教育活动中、在形成人们认识世界的态度和思想方法方面、在推动社会进步和发展过程中起着重要的作用。在现代社会中,数学教育又是终身教育的重要方面,它是公民进一步深造的基础,是终身发展的需要。数学教育在中等职业教育中占有重要的地位,它使学生掌握数学的基本知识、基本技能、基本思想方法,使学生表达清晰、思考有条理,使学生具备实事求是的态度,使学生学会用数学的思考方式去认识世界、解决问题。

中等职业教育的培养目标是:培养在生产、服务和管理第一线工作的初、中级专门技术人才和高素质劳动者,具体来说,以培养综合职业能力为核心,使学生具备良好的思想素质和一定的科学文化素养,具有健康的心理,具备适应就业需要的职业素质。

而数学课程的任务如下:

①提高学生的数学素养,使学生掌握社会生活中所必须具备的一定数学基础知识和基本运算能力、基本计算工具的使用能力,培养学生的数学思维能力,发展学生的数学应用意识。

②为学生学习职业知识和形成职业技能打下基础。

③为学生接受继续教育、终身教育和自我发展,转换职业岗位提供必要的条件。

中等职业教育中数学课程要以代数、三角函数的主要内容为基础,注重与生活实际和专业课程学习的联系,增加趣味性与可读性,降低数学知识的系统性要求,降低推理和证明的难度,强调低起点、可接受、重应用的原则,使学生愿意学,学得懂,学了会用,让数学基础不同的学生都能获得不同程度的提高,注重提高学生的数学思维能力,强调数学思想方法的应用,以利于激发学生学习数学的兴趣,发展学生的数学应用意识。

(4)体育。

体育课程是中等职业院校各类专业学生必修的公共基础课。

体育课程旨在全面提高学生身体素质,锻炼身体基本活动能力,增进学生身心健康,培养学生从事未来职业所必需的体能和社会适应能力;使学生掌握必要的体育与卫生保健基础知识和运动技能,增强体育锻炼与保健意识,了解一定的科学锻炼和娱乐休闲方法;注重学生个性与体育特长的发展,提高自主锻炼、自我保健、自我评价和自我调控的能力,为学生终身锻炼、继续学习与创业立业奠定基础。

结合体育教学,进行爱国主义、集体主义和职业道德与行为规范教育,可以提高学生社会责任感。

(5)计算机。

本课程的目的,在于通过本课程的学习,使学生基本掌握计算机基础知识的基础上,理解一些计算机的常用术语和基本概念,使学生能较熟练地使用 Windows 操作平台,熟练掌握 Office 主要软件,对音频、视频、动画等信息能进行简单的处理,具有网络的入门知识。通过对本课程的学习,培养学生的自学能力和获取计算机新知识、新技术的能力,使学生具备使用计算机工具进行文字处理、数据处理、信息获取的能力。

总之,本课程旨在培养学生掌握计算机应用的实际操作能力,对于各专业学生而言,都应具有熟练使用计算机操作系统、熟练使用办公软件、熟练上网操作的能力,以提高其综合素养。

(6)职业生涯规划。

①知识目标:了解大学生就业形势,掌握职业生涯规划与设计的基本方法,掌握生涯决策、求职应聘等通用技能。

②能力目标:能实现职业态度转变,建立积极正确的职业态度;具备自我认识、自我规划的能力;掌握与同学、老师、上级、同事建立良好合作关系的方法和技巧。

③素养目标:树立积极的人生观、价值观、就业观、择业观和职业发展观;确立明确积极的人生目标和职业理想;培养敬业奉献精神和诚信守法意识。

(7)就业指导。

①知识目标:了解国家及当地的就业形势、就业方针政策,把握职业选择的原则和方向;了解职业发展的阶段特点;认识自己的特性、职业的特性以及社会环境;掌握就业权益、劳动法规的相关知识;掌握基本的劳动力市场信息、相关的职业分类知识以及创业的基本知识,树立创业意识。

②能力目标:掌握信息搜索与管理技能;掌握求职的技巧和礼仪;能根据自

身的条件、特点、职业目标、职业方向、社会需求等情况,选择适当的职业;提高自我探索、独立思考和勇于创新的能力;提高沟通技能、问题解决技能、自我管理技能、人际交往技能和团队协作精神等。

③素养目标:激发学生的社会责任感,增强学生自信心,树立正确的择业、就业和职业道德观念;把个人发展和国家需要、社会发展相结合,确立职业的概念和意识,愿意为个人的生涯发展和社会发展主动付出积极的努力。

(8)安全。

①知识目标:了解安全基本知识,了解校园安全隐患,掌握与安全问题相关的法律法规和校规校纪,明确危害安全的行为。

②能力目标:掌握各种不同安全问题的应对策略,掌握紧急情况下的逃生策略。

③素养目标:认识安全的必要性,树立正确的安全意识及安全防卫心理,增强社会责任感。

(9)汽车维修企业管理。

①知识目标:掌握汽车维修企业管理概述,掌握企业管理的经营与策略,掌握企业的生产管理,掌握企业质量管理,掌握企业财务管理,掌握企业人力资源管理。

②能力目标:能对案例进行分析,并举一反三;能做到理论与实践相结合。

③素养目标:培养学生的团队协作精神和沟通能力;培养学生的语言表达能力和社会交往能力;培养学生的企业管理意识,增强其思维能力、自我学习和提升的能力;培养学生的职业道德观念,增强其敬业精神和社会责任感。

活动评价

成果展示之后组间互评,各小组长和教师填写《活动评价表》,如表2-3-4所示。

活动评价表　　　　　　　　表2-3-4

评分项	是否达到目标 (30%)	活动表现 (40%)	职业素养 (30%)
评价标准	1. 完全达到; 2. 基本达到; 3. 未能达到	1. 积极参与; 2. 主动性一般; 3. 未积极参与	1. 大有提高; 2. 略有提高; 3. 没有提高
自我评价(20%)			
组内评价(20%)			
组间评价(30%)			

续上表

评分项	是否达到目标（30%）	活动表现（40%）	职业素养（30%）
教师评价(30%)			
总分(100%)			
自我总结			

自我总结

小游戏"找到它的好朋友"

将汽车装饰与美容专业中的每一门课程名称制作成小卡片,将每一门课程的开设目的也制作成小卡片。将每一门课程名称和这门课程的开设目的设为"好朋友",请同学们为每一门课程名称找到它的"好朋友"。

任务四　熟悉保障措施

任务目标

（1）能熟练介绍汽车装饰与美容专业技能训练场地。
（2）能简单介绍各优秀学生团队,能详细介绍至少1个最关注的团队。
（3）能简单介绍各社团组织,能详细介绍至少1个最关注的社团。

任务内容

活动一:"我的地盘"我来说,视频制作比赛。
活动二:"优秀团队"视频制作。

活动一:"我的地盘"我来说,视频制作比赛

实训中心是培养学生职业能力、技术应用能力的实践训练场所,主要模拟企业生产实践环境,培养可以胜任企业需要的职业操作技能。对完成学习任务、实

现学习目标起着重要的作用。

实训中心是学生学习专业技能的起点,学生们应努力去了解实训中心、学习知识。现请将实训中心介绍给大家。

活动场景

校外某单位领导到校想了解一下汽车装饰与美容实训场地,用自己的方式给领导们介绍一下,让其对我们的实训场地留下深刻印象,最终将介绍的过程用视频的形式记录下来。

活动目标

（1）能用普通话流利地给参观人员介绍实训场地。
（2）能将介绍过程（视频、照片）合成2分钟左右的视频。
（3）视频要求：
①"剧本"合理、完整；
②介绍时能用普通话,大方、得体；
③视频完整、清晰。

活动计划

1. 分工

2 名领导：_____　　1 名介绍人员：_____
1 名摄像：_____　　1 名拍照人员：_____
1 名导演：_____　　1 名编剧：_____
后期制作：_____

2. 设备准备

_____

3. 剧本准备

_____
_____
_____
_____

活动资源

1. 汽车装饰与美容实训中心

（1）汽车装饰与美容实训中心如图 2-4-1 所示。

图 2-4-1　汽车装饰与美容实训中心

（2）雄厚的师资队伍。

（3）实训场地及设备。

实训场地如图 2-4-2 所示。汽车装饰与美容实训中心占地面积 230 余平方米，拥有精洗工位 2 个、美容装饰工位 2 个、一体化学习讨论区，同时满足日常教学和实训任务。实训设备先进，拥有

专业教师介绍

路贝狮（RUPES）、费斯托（FESTO）、曼泽纳（menzerna）、3M 等国际一流的抛光美容设备和实训耗材（图 2-4-3）。学生在此实训中心可完成精致洗车、内饰翻新、臭氧消毒、车漆修复、漆面养护、防爆太阳膜装贴等一系列汽车美容与装饰项目。

图 2-4-2　实训场地

图 2-4-3　实训设备及耗材

活动展示

教师审核视频，学生以小组为单位在自媒体上展示，获取点赞量。

活动评价

视频展示之后组间互评，各小组长和教师填写《活动评价表》，如表 2-4-1 所示，给各小组活动成果评分，最终评出优秀视频。

活 动 评 价 表　　　　　　　表 2-4-1

评分项	是否达到目标（30%）	活动表现（40%）	职业素养（30%）
评价标准	1. 完全达到； 2. 基本达到； 3. 未能达到	1. 积极参与； 2. 主动性一般； 3. 未积极参与	1. 大有提高； 2. 略有提高； 3. 没有提高
自我评价(20%)			
组内评价(20%)			
组间评价(30%)			
教师评价(30%)			
总分(100%)			
自我总结			

活动二："优秀团队"视频制作

活动场景

校外某单位领导到校想了解一下我校一些优秀学生队伍,用自己的方式给领导们介绍一下,让其对我们的优秀学生队伍留下深刻印象,最终将介绍的过程用视频的形式记录下来。

活动目标

(1)能用普通话流利地给参观人员介绍各优秀团队和社团。
(2)能将介绍过程(视频、照片)合成2分钟左右视频。
(3)视频要求：
①"剧本"合理、完整；
②介绍时能用普通话,大方、得体；
③视频完整、清晰。

项目二　汽车装饰与美容专业人才培养概述

活动计划

1. 分工

2 名领导：_____　　1 名介绍人员：_____

1 名摄像：_____　　1 名拍照人员：_____

1 名导演：_____　　1 名编剧：_____

后期制作：_____

2. 设备准备

_____

3. 剧本准备

_____

_____

_____

活动资源

1. 比赛训练团队

巴哈车队是汽车学院优秀团队之一，他们努力拼搏、奋勇争先，多次在比赛中获奖（图 2-4-4）。

图 2-4-4　巴哈车队

训练团队介绍

2. 汽车学院国旗班

汽车学院国旗班成员以升旗、降旗、爱旗、护旗作为自己的神圣职责，用青春的汗水和真诚捍卫着祖国国旗的尊严，形成了一道亮丽的校园风景线，汽车学院国旗班的优秀表现展现了交院学子独有的风采，以崭新的面貌树起了山东交通技师学院的一面独特旗帜（图 2-4-5）。国旗班每一届的成员都秉承着"生命不息、奋斗不止"信念,默默为这个集体付出,紧紧围绕学校赋予国旗班的工作重点,同心协力,顽强拼搏,圆满完成了学校交付的各项任务。

图 2-4-5　汽车学院国旗班

汽车学院国旗班介绍

3. 学生会

学生会是现代学校中的组织结构之一,是学生自己的群众性组织,是学校联系学生的桥梁和纽带。学生应该自觉接受学生会的领导、督促和检查,积极支持学生会的各项工作。参加学生会不仅可以锻炼学生的能力、提高自身修养,还可以帮助他人,交到更多的朋友。加入学生会可以作为一个提前进入社会的适应阶段。学生会如图 2-4-6 所示。

图 2-4-6　汽车学院学生会

汽车学院学生会介绍

学生会一般负责以下工作。

(1)宿管部:检查、督促宿舍楼道、楼梯及宿舍内部卫生;

(2)卫生部:检查、督促教学楼楼道、楼梯及卫生区卫生;

(3)文体部:组织学生开展文体活动和负责周末人数清点工作;

(4)纪检部:负责课间、自习、晚休等时间段纪律检查;

(5)办公室:汇总统计各量化表格以及其他电子文档制作;

(6)社团部:负责协助、督促各社团有序开展活动;

(7)除以上各部门承担的任务外,学生会还承担协助学院完成各项大型活动组织任务,例如:迎新工作、运动会、各类晚会、演讲比赛、技能比赛等。

4. 汽车学院社团简介

社团活动作为汽车学院第二课堂的主要阵地和特色品牌之一，一直深受广大同学们的好评。社团活动是校园文化建设的主要阵地，是加强和改进学生思想政治教育的重要途径，是学生创新精神和实践能力培养的重要载体。社团活动以其具有的思想性、艺术性、知识性、趣味性、多样性吸引着广大学生参与其中，已成为广大学生丰富校园生活、参与学校活动、延伸求知领域、扩大交友范围的一种重要方式。

汽车学院社团由学生会社团部统一管理，下设龙鼓盛世社团、篮球社团、足球社团、乒乓球社团、歌唱社团、演讲社团、北极熊跆拳道社团、羽毛球社团、摄影社团等多个社团，同学们也可以根据自己的喜好成立新的社团。以下是汽车学院部分社团展示。

1）龙鼓盛世社团

龙鼓盛世社团以学习传统舞龙、锣鼓为主，后还将开设舞狮学习（图2-4-7）。该社团曾荣获山东省第十届全民健身运动会舞龙舞狮锣鼓网络比赛少年组二等奖、临沂市一等奖的佳绩。

龙鼓盛世社团介绍

2）篮球社团

篮球社团是我校最早成立的社团之一，也是比较受学生喜爱的一个社团（图2-4-8）。该社团制定了社团章程，建立和完善了社团自主管理和发展的运行机制，完善了社团成员管理考核制度，建立了社团评审制度，为社团的发展提供了良好的基础和保证。

图2-4-7　龙鼓盛世社团

图2-4-8　篮球社团

3）足球社团

足球社团是一个以开展体育活动为目的的非营利性学生社团（图2-4-9）。加入足球社团可以促进学生身心健康发展，培养德智体美全面发展的人才。足球社团宗旨是发扬山东交通技师学院足球运动,发掘具有足球天赋的人员,积极组织同学们参加活动,增强体育锻炼,健强体魄。

4)歌唱社团

歌唱社团以"快乐歌唱、享受歌唱"为宗旨,通过社团活动这个平台,同学们可以互相交流、互相学习、提高自身的歌唱能力(图2-4-10)。该社团成立以来,通过有计划的学习,有目的的训练,使社团成员的个人素质和综合素质都得到了较大的提升,演唱技巧和技能、表演技巧、艺术素养都有长足的进步。

图2-4-9　足球社团

图2-4-10　歌唱社团

5)演讲社团

演讲社团致力于提升学生的公众表达能力,以投资口才就是投资未来为理念,旨在展现学生"讲的艺术、说的风采",促进学生口才提升与和谐人际关系建设,提高学生的文化素质,丰富校园文化生活,活跃校园文化气氛,同时在艺术实践活动中进行爱党、爱国、爱家、爱校教育,陶冶学生情操(图2-4-11)。

6)北极熊跆拳道社团

北极熊跆拳道社团是我院成立最早的社团之一(图2-4-12)。跆拳道起源于朝鲜半岛,经历千年洗礼和锤炼,以"始于礼,终于礼"的精神为基础,讲究礼仪。"礼仪"是跆拳道基本精神的具体体现。跆拳道具有防身、健身、修身养性、娱乐观赏等多方面的作用,是练习者精神和身体的综合修炼,使练习者在艰苦的磨炼中培养出理想的人格锻炼出强健的体魄,并能够真正掌握防身自卫的本领。

图2-4-11　演讲社团

图2-4-12　北极熊跆拳道社团

7)羽毛球社团

羽毛球社团以提高学生羽毛球技艺为目标,汇集学校热爱羽毛球的同学在课外时间进行锻炼,并组织学校学生进行羽毛球比赛,强健同学们的体魄,丰富同学们的课余生活(图 2-4-13)。

8)摄影社团

摄影社团的每一位社员都对摄影抱有浓厚的兴趣,在日常生活中时常拿起相机拍下自己认为美的东西(图 2-4-14)。摄影魅力在于按下快门,记录感动的刹那,很多美不需要太多优美的动作去诠释,而恰恰仅需要一幅画面去记录每个永恒的瞬间。摄影社团的每一个社员都会用眼睛、用专业的知识、用手中的相机,去观察记录身边稍纵即近的美。

图 2-4-13　羽毛球社团

图 2-4-14　摄影社团

汽车学院部分社团介绍

活动展示

教师审核视频,学生以小组为单位在自媒体上展示,获取点赞量。

活动评价

视频展示之后组间互评,各小组长和教师填写《活动评价表》,如表 2-4-2 所示,给各小组活动成果评分,最终评出优秀视频。

活 动 评 价 表　　　　　　表2-4-2

评分项	是否达到目标（30%）	活动表现（40%）	职业素养（30%）
评价标准	1. 完全达到； 2. 基本达到； 3. 未能达到	1. 积极参与； 2. 主动性一般； 3. 未积极参与	1. 大有提高； 2. 略有提高； 3. 没有提高
自我评价(20%)			
组内评价(20%)			
组间评价(30%)			
教师评价(30%)			
总分(100%)			
自我总结			

项目三 汽车装饰与美容专业技术概述

任务目标

（1）能熟练介绍汽车装饰与美容所包含的服务项目。
（2）能简单介绍各装饰美容项目的服务内容。

任务内容

活动一："装饰美容项目"我来讲。
活动二："连连看"。

活动一："装饰美容项目"我来讲

活动场景

专业汽车装饰与美容的特点是施工项目多，覆盖范围广，既有简单项目也有复杂项目，可随意组合，服务灵活多变，作业时间短，见效快。当前主要流行的汽车装饰美容项目可分为：汽车清洁养护、汽车漆面护理、汽车装饰、汽车部件修复、汽车电器设备安装等。

作为汽车装饰与美容专业的学生，以小组为单位录制一个小视频介绍汽车装饰与美容具体所包含的服务项目。

活动目标

（1）能用普通话讲解相关内容。
（2）可以结合多媒体等方式讲解，最终制作合成3分钟以内的视频。
（3）视频要求：
①介绍时能用普通话，大方、得体；
②思路清晰，能介绍汽车装饰与美容具体所包含的服务项目；

③视频完整、清晰。

活动计划

1. 分工

1 名介绍人员：_____　　1 名摄像：_____

1 名拍照人员：_____　　2 名材料收集汇总：_____

1 名导演：_____　　1 名编剧：_____

后期制作：_____

每人完成后可进行角色互换。

2. 设备准备

_____

_____

3. 剧本准备

_____

_____

活动资源

专业汽车装饰与美容项目可分为汽车清洁养护、汽车漆面护理、汽车装饰、汽车部件修复、汽车电器设备安装五部分。

1. 汽车清洁养护

汽车清洁养护（图 3-1-1）主要施工项目包括：汽车外部清洗、内饰清洁护理、漆面深度清洁、发动机舱清洁、轮胎轮毂清洁护理、汽车空调清洗等。

a)

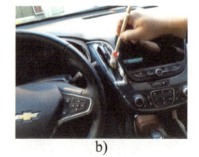
b)

图　3-1-1

c)　　　　　　　　　　　　d)

图 3-1-1　汽车清洁养护

2. 汽车漆面护理

汽车漆面护理（图 3-1-2）主要施工项目包括：漆面打蜡、抛光、封釉、镀膜、镀晶等。

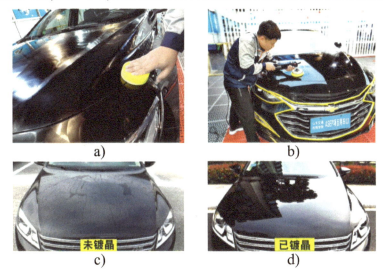

a)　　　　　　　　　　　　b)

c)　　　　　　　　　　　　d)

图 3-1-2　汽车漆面护理

3. 汽车装饰

汽车装饰（图 3-1-3）主要施工项目包括：防爆太阳膜、车身改色、隐形车衣（漆面保护膜）、车身彩饰、底盘装甲（底盘防撞防锈隔音）、大包围（车身外部扰流器）、汽车隔音、汽车精品装饰等。

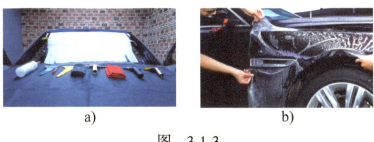

a)　　　　　　　　　　　　b)

图　3-1-3

　　c)　　　　　　　　　　d)

图 3-1-3　汽车装饰

4. 汽车部件修复

汽车部件修复（图 3-1-4）主要施工项目包括：前照灯翻新修复、保险杠修复、漆面凹陷无痕修复、玻璃裂痕修复、玻璃划痕修复、轮毂修复、内饰真皮修复等。

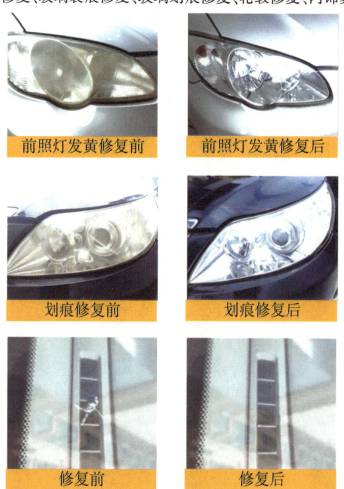

图 3-1-4　汽车部件修复

5. 汽车电器设备安装

汽车电器设备安装（图 3-1-5）主要施工项目包括：车载导航、倒车影像、倒车雷达、行车记录仪、氙气大灯、汽车防盗系统等的安装及音响改装。

a)车载导航

b)倒车影像

c)行车记录仪

图 3-1-5　汽车电器设备安装

活动展示

学生在视频制作的过程中表现形式要多样化,有创新性。教师审核每个小组制作的视频,审核通过后在短视频平台上发布作品。

活动评价

视频展示之后组间互评,各小组长和教师填写《活动评价表》,如表 3-1-1 所示,给各小组活动成果评分,最终评出优秀视频。

活动评价表　　　　　　　　　表 3-1-1

评分项	是否达到目标（30%）	活动表现（40%）	职业素养（30%）
评价标准	1.完全达到； 2.基本达到； 3.未能达到	1.积极参与； 2.主动性一般； 3.未积极参与	1.大有提高； 2.略有提高； 3.没有提高
自我评价(20%)			

续上表

评分项	是否达到目标（30%）	活动表现（40%）	职业素养（30%）
组内评价(20%)			
组间评价(30%)			
教师评价(30%)			
总分(100%)			
自我总结			

活动二:"连连看"

活动场景

准备两摞卡片,一摞卡片上有且只有各装饰与美容项目的名称,另一摞卡片上有且只有该项目的内容介绍。以小组为单位用"连连看"的形式将项目名称与对应的项目介绍放在一起,小组汇报最终结果,准确率最高、用时最短的小组胜出(图3-1-6)。

图 3-1-6

项目三 汽车装饰与美容专业技术概述

图 3-1-6 卡牌"连连看"

活动目标

(1)介绍时能用普通话,大方、得体。
(2)思路清晰,熟练介绍各服务项目的具体内容。

活动计划

1. 分工

1 名组长:_____   1 名监督员:_____
2 名材料收集:_____   5 名介绍人员:_____

2. 活动准备

_____
_____
_____

活动资源

1. 汽车清洁养护项目介绍

汽车装饰与美容工作看似很简单,但是做得既快又好又能让顾客满意就不

63

容易了。汽车清洗服务是汽车装饰与美容店面招揽生意、固定客源的一种最重要的手段。如果说汽车装饰与美容行业分为两端的话,汽车清洗就是前端,美容与装饰等就是后端。通过专业、快速的洗车服务会给顾客留下良好的印象,为销售其他汽车用品和施工服务奠定良好的信任基础。

汽车清洁养护主要施工项目包括:汽车外部清洗、内饰清洁护理、漆面深度清洁、发动机舱清洁、轮胎轮毂清洁护理、汽车空调清洗等(图3-1-7)。

1)汽车外部清洗

汽车在日常使用中,由于日晒雨淋,风吹沙击以及高温、严寒、强光、酸雨等恶劣环境,使车身漆面和零部件表面受到侵蚀,沾染污垢,严重影响车身装饰效果和使用寿命。为提高汽车的使用寿命,保持汽车清洁亮丽,应及时对汽车进行清洗护理。

图3-1-7 汽车清洗

汽车清洗按照清洁程度可分为:普通洗车、精致洗车;按照清洗方式可分为:蒸汽洗车、免擦洗车,全自动洗车等。

精致洗车是相对于普通洗车而言的。精致洗车更加细致,项目更多,使整车清洁程度更高。各汽车装饰与美容店对精致洗车设定的服务标准大同小异。精致洗车对洗车的流程及工具、产品进行规范,例如毛巾、毛刷分区域专用,选用中性洗车液及各类清洁剂等,减少洗车时对车漆的伤害。精致洗车对车辆的清洁不仅停留在对灰尘、泥土的冲洗,更包括对可能伤害车漆的其他污物,例如沥青、水垢、铁粉、氧化物、虫尸、鸟粪等的清洁。对车辆的清洁不只是车身表面清洁,也包括内饰、轮胎轮毂、发动机舱、行李舱、玻璃等部位的全方面清洁。

2)内饰清洁护理

汽车在日常使用中,车内会残存大量的尘土、水渍、汗渍、食物残渣以及吸烟产生的焦油,这些脏物若不及时处理,在丝绒地毯、座椅、空调出风口等处就会发生霉变,滋生大量细菌,继而产生难闻的气味,严重影响车内驾驶员及乘客的身心健康,因此汽车内饰清洁护理非常重要。通过专用工具设备及专用清洁剂对汽车内饰进行深度清洁、杀菌可以有效地防止上述问题的发生。

3)漆面深度清洁

漆面深度清洁是汽车日常维护中的一个很重要的环节。日常洗车不彻底,会导致残留的污垢长期侵蚀车漆,造成漆面粗糙、黯淡无光。为防止这类情况的发生,可以通过美容黏土(洗车泥)或专用清洗剂(虫胶、柏油沥青清洁剂)来去除,它能在不损伤车漆的情况下,迅速清除漆面顽固污垢,还原车漆本来面貌。

4)发动机舱清洁

发动机是整台车的核心,发动机舱内除安置发动机以外,还有蓄电池、发电机、起动机、空调压缩机、冷凝器以及各种油液储存罐等众多部件。汽车的运行环境复杂,发动机要不断向外散热,加之发动机舱的密闭问题始终没有得到根本的解决,致使汽车在行驶过程中卷起的风沙尘土易从发动机舱下部钻入,飞落于发动机表面。同时发动机长时间在高温下工作,有时还会有漏油等现象发生,如果长时间不对发动机外部进行清洁护理,就会在发动机的表面形成厚厚的油泥性腐蚀物,使金属部件生锈、塑料部件老化、变形等。因此,保持发动机舱的清洁对于保障汽车正常运行十分重要。

5)轮胎轮毂清洁护理

轮胎轮毂清洁养护的必要性主要体现在以下两个方面:

(1)汽车安全行驶的需要。据不完全统计,在高速公路的交通事故中,爆胎引发的事故占70%以上,给生命和财产造成严重的损失。轮胎故障被认为是高速公路行车的"头号杀手"。对轮胎轮毂维护得当,可降低行车危险。

(2)节省行车维护费用。轮胎是易损件,日常使用过程中橡胶极易老化、变硬,失去原有的弹性及耐磨性。在一辆汽车的使用过程中,更换轮胎的费用占维护费用的20%左右。

综上所述,为了确保行车安全,延长汽车使用寿命,降低汽车维护费用,对轮胎日常的清洁养护是不可忽视的。

6)汽车空调清洗

汽车的空调系统经过长时间的使用后,进风口、风道、风扇、蒸发器表面等处会积聚灰尘和污物,这会导致空调风道内滋生霉菌。打开空调后,会明显感觉空调的制冷能力降低,而且还有刺鼻异味。如果长时间处在一个满是霉菌的环境里,会损害驾驶员和乘客的身体健康,为了健康着想,定期清洗空调还是很有的必要的。

2. 汽车漆面护理项目介绍

汽车漆面护理主要施工项目包括:漆面打蜡、抛光、封釉、镀膜、镀晶等(图3-1-8)。

1)漆面打蜡

汽车漆面打蜡具体有以下几个作用:

图 3-1-8　漆面护理

（1）防水作用。

汽车经常暴露在空气中，免不了受风吹雨淋，有水滴存留在车身表面。在天气转晴时，强烈阳光照射下，每个小水滴就是一个凸透镜，在它的聚焦作用下，焦点处温度达 800～1000 摄氏度，会造成漆面产生暗斑，极大影响了漆面的质量及使用寿命。另外，水滴易使暴露金属表面产生锈蚀。

（2）抗高温作用。

车蜡的抗高温作用原理是其会对来自不同方向的入射光产生有效反射，防止入射光使面漆老化变色。

（3）防紫外线作用。

车蜡防紫外线作用与抗高温作用是并行的，只不过在日光照射中，由于紫外线的特性决定了其较易于折射进入漆面，防紫外线车蜡充分地考虑了紫外线的特性，使其对车表面的侵害得以最大限度地降低。

（4）防静电作用。

汽车静电主要是由于汽车在行驶过程中，空气中的尘埃与车身金属表面相互摩擦产生的。车蜡防静电作用原理是隔断尘埃与车表金属的摩擦。

（5）防氧化作用。

汽车在使用过程中，车漆维护不当会出现氧化层，车蜡的防氧化作用主要体现在隔断空气与漆面的接触，从而达到防氧化的作用。

（6）增光增艳。

上光是车蜡的最基本作用，经过打蜡的车辆，都能改善其表面的光亮程度，使车身恢复亮丽本色。

（7）研磨抛光作用。

当漆面出现浅划痕时，可使用研磨抛光车蜡对漆面进行修复。

2）漆面抛光

汽车在日常使用中，由于日晒雨淋、风吹沙击以及高温、严寒、强光、酸雨等恶劣环境，使车身漆面和零部件表面受到侵蚀，沾染污垢，出现划痕，严重影响车身装饰效果和使用寿命。为提高汽车的使用寿命，保持汽车清洁亮丽，应及时对汽车进行抛光处理。按照漆面损伤的程度，划痕可分为以下 4 个等级：

(1)发丝划痕:洗车擦车或轻微摩擦而产生的细划痕,一般手摸无感觉,在光源充足的条件下可以看到。

(2)浅度划痕:清漆被破坏,未伤及色漆的划痕为浅度划痕。

(3)中度划痕:色漆被破坏,未伤及底漆的划痕为中度划痕。

(4)深度划痕:底漆被破坏,露出金属车身的划痕为深度划痕。

3)漆面封釉

封釉美容,顾名思义,就是经过多道工序处理以后,在车漆表面形成一层类似"唐三彩"等陶器制品外表涂层的保护膜,具有隔紫外线、防氧化、抵御高温和酸雨的功能。

4)镀膜、镀晶

汽车漆面美容养护简单来说可分为:"养"和"护"两大类。打蜡和镀膜、镀晶是两个不同的概念,打蜡注重"养",镀膜、镀晶注重"护"。镀膜、镀晶是同一类产品,简单地说,镀晶是镀膜的升级版,镀晶类产品的抗划痕能力、光泽度、持久性都要优于镀膜类产品。镀膜与镀晶施工流程大致相同。

3. 汽车装饰项目介绍

汽车装饰主要施工项目包括:防爆太阳膜、车身改色、隐形车衣、车身彩饰、底盘装甲、大包围、汽车隔音、汽车精品装饰等(图3-1-9)。

1)防爆太阳膜

(1)隔热:炎炎夏日,通过装贴太阳膜可以抵挡一部分热量,从而降低车内温度。

(2)阻隔紫外线:强烈的紫外线会加速汽车内饰的老化、褪色,玻璃贴膜能够很大程度上阻挡紫外线对人体及内饰部件的伤害。

图3-1-9 汽车装饰

(3)防眩光:强光下行驶或不文明会车时,远光灯产生的眩光会使驾驶员产生幻觉,严重者还会出现短暂的失明,玻璃贴膜可以减少眩光,从而最大限度地保证行车安全。

(4)降低能耗、提高舒适度:夏季车内温度高,为了降温会增加空调的运行负荷,加大能源消耗。通过装贴太阳膜可以抵挡一部分热量,从而达到减少能源消耗的目的。

(5)安全防护:在汽车受到外力撞击时破碎的玻璃会对车内人员形成二次伤

害,通过张贴防爆太阳膜会将撞碎的玻璃粘接在一起,在很大程度上防止碎玻璃对人体的伤害,从而提高行车安全。

(6)保护隐私:太阳膜的单向透视性很大程度上保护了车内人员的隐私。

(7)增添美感:年轻车主喜欢个性,色彩鲜艳的车膜可以给爱车增添美感。

2)车身改色

车身改色已经成为年轻车主个性定制的一个必选项目,经过改色后的爱车可以彰显车主们特立独行的性格,提高汽车的美观度;优质的改色膜还可以保护原厂车漆,抵御外部环境对车漆的损伤。

3)隐形车衣

漆面保护膜俗称隐形车衣,高档隐形车衣[热塑性聚氨酯弹性体(TPU)材质]具有超强的韧性和耐磨性,可以抵御轻微剐蹭,含抗紫外线聚合物,耐黄变,装贴后可使汽车漆面与空气隔绝、防酸雨、防氧化、持久保护漆面,增加车漆亮度,提高观赏性。同时,隐形车衣养护便捷,减少了洗车、打蜡、抛光工时及费用。

4)车身彩饰

在不违反相关法律法规的前提下,对汽车进行外部彩饰,会提高汽车的美观度。目前主要的车身彩饰有贴纸、喷涂彩绘、安装镀铬件三类。

5)底盘装甲

汽车底盘装甲的学名是汽车底盘防撞防锈隔音,是一种高科技的黏附性橡胶沥青涂层。它具有无毒、高遮盖率、高附着性,可喷涂在车辆底盘、轮毂、油箱、汽车下围板、行李舱等暴露部位,快速干燥后会形成一层牢固的弹性保护层。底盘装甲可防止飞石和沙砾的撞击,避免潮气、酸雨、盐分对车辆底盘金属的侵蚀,防止底盘螺钉的松脱;降低行驶时噪声的传导,增加驾驶静谧性;阻止底盘铁板热传导,使驾驶室内冬暖夏凉。

底盘防锈产品已经发展到了第四代,第一代产品为"单分子溶剂漆",第二代产品为"合成溶剂漆",第三代为"高分子型水性漆",第四代为"复合高分子橡胶型漆"。

6)大包围

汽车大包围又称为车身外部扰流器。其主要作用是:减低汽车行驶时所产生的逆向气流,同时增加汽车的下压力,使汽车行驶时更加平稳,从而降低油耗。

在国内,大包围套件的材料主要有:

(1)丙烯腈-丁二烯-苯乙烯塑料(ABS塑料):此类的产品是以真空吸塑成形,所以厚度较薄、韧性一般。

(2)聚氨酯塑料(PU塑料):此类产品因为是在低温下注塑成形,所以有极高的柔韧性与强度,同时与车身的密合度亦是最佳的,寿命也较长,是三种材料之中最好的一种。

(3)树脂纤维材料:此类产品价格较为便宜,款式较多,所以成为众多车主的首选。若要选购这一产品,要注意以下几点:韧性要好,有抗扭的能力;耐热不变形;表面要平滑、质量要轻;与车身密合度要高。

7)汽车隔音

汽车隔音是根据车辆的性能、相应的路况、使用的条件,对汽车产生的发动机噪声、轮胎与路面产生振动的共鸣声、车厢内组件因间隙或老化受挤压力产生的摩擦声等做细致处理,以提高汽车乘坐的舒适性,其作用主要体现在以下几个方面。

(1)降低车内噪声,汽车隔音工程能将发动机的轰鸣声、车身的振动声、车轮的摩擦声等噪声有效地消除和隔挡,从而营造一个宁静的车内空间,提高乘坐的舒适性。汽车隔音施工后车内噪声可降低7~8分贝。

(2)改善音响效果,实施汽车隔音工程后,消除了车身金属的共振,同时又有良好的吸音作用,使音响声音更加清晰、浑厚、澎湃。

(3)降低车内温度,隔音工程不仅可隔音,而且还可隔热,能将发动机的高温隔挡在室外,从而使车内温度降低。

(4)延缓漆膜老化,发动机的高温容易使漆膜老化变色,实施隔音工程可有效地隔音,对汽车漆膜有极好的保护作用。

隔音工作原理如下:

第一种是从发声源处进行治理。如发动机大修、车体钣金矫正、排气管改装等,此方案的工程耗资巨大、时间较长,对维修技术的要求很高,处理不好易产生功能缺失和二次噪声。

第二种是在噪声的传播途径上进行隔除。主要是运用专业声学产品进行车体密封、车体减振及车内吸音,它不改变车体结构、动力系统、车内电路及管线,既安全又稳妥,为大多数车主所接受。因此,通常所说的汽车隔音是指这一种。

隔音途径包括:吸音、隔音、减振、密封。吸音是用特种被动式材料来改变声波的方向,以吸收其能量。合理地布置吸声材料,能有效降低声能的反射量,达到吸音降噪的作用;隔音是用某种隔音材料将声源与周围环境隔开,使其隔射的噪声不能直接传播到周围区域,从而达到控制噪声的目的;减振就是在易产生振动的区域安装弹性材料或元件,隔绝或衰减振动的传播,从而实现减振降噪的目的;密封不仅能阻隔噪声的传播通道,避免气流分离,还可扰乱周期性的尾流,从根本上降低风噪。

8)汽车精品装饰

汽车精品装饰包含:脚垫,坐垫,摆件,挂件,各类香水竹炭净化包等。

4.汽车部件修复项目介绍

汽车部件修复主要施工项目包括:前照灯翻新修复、保险杠修复、漆面凹陷无痕修复、玻璃裂痕修复、玻璃划痕修复、轮毂修复、内饰真皮修复等(图3-1-10)。

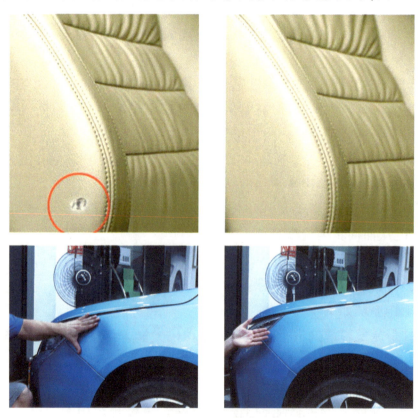

图 3-1-10　汽车部件修复

1)前照灯翻新修复

汽车前照灯出现划痕、老化、龟裂、发黄等问题时,不必更换前照灯,可采用翻新修复,省钱省心,修复后还是原厂车灯。

2)保险杠修复

汽车在行驶过程中会遇到各种磕碰,保险杠轻微凹陷、损伤、破裂的情况下可以进行修复,不用更换保险杠。

3) 车身凹陷无痕修复

当汽车车身受到轻微撞击后出现凹坑,在车漆没有破损的情况下可以进行凹陷无痕修复。所谓无痕修复,是指不用钣金喷漆的方法,使车身恢复到原来状态,保证原厂车漆。车身凹陷修复方式一般分为两种:拉拔式和顶翘式。

4) 汽车玻璃修复

并不是所有的受损风窗玻璃都能修复,汽车风窗玻璃修复也存在一定的局限性。风窗玻璃上出现牛眼状裂痕,其修复范围是不能超过一元硬币大小,如果是星状裂痕,裂痕直径则不能超过 5 厘米,线状裂痕总长度不能超过 30 厘米,一旦玻璃受损比上述情况严重,则不建议修复,此时很难保证修复效果和质量。

5) 轮毂修复

汽车在行驶过程中会遇到各种磕碰,从而会造成轮毂表面划伤、破损及变形等。在经过翻新之后,受损的轮毂可以恢复原貌,但为了安全起见,修复应仅限于表面划伤的轮毂,对于破损或变形的轮毂不建议修复,此时应直接更换新轮毂。轮毂损伤一般有三种情况:表面擦伤、轮毂变形、轮毂断裂。

6) 汽车真皮修复

汽车在日常使用过程中,真皮座椅会出现老化、磨损、破裂等情况,一般情况下都可以采用真皮修复技术来进行处理。

5. 汽车电器设备安装项目介绍

汽车电器设备安装主要施工项目包括:车载导航、倒车影像、倒车雷达、行车记录仪、氙气大灯、汽车防盗系统等的安装及音响改装(图 3-1-5)。

1) 车载导航

汽车车载导航具有全球卫星定位系统(GPS)功能,驾驶员只要把目的地输入车载导航系统,系统就会根据电子地图自动计算出最合适的路线,并在车辆行驶过程中提醒驾驶员按照计算的路线行驶。随着汽车电子技术的发展,可以将导航功能和娱乐功能组合在一个平台上,例如将 DVD 播放机、FM/AM 收音机、倒车影像、车载蓝牙电话等功能组合在一起。

2) 倒车影像

当汽车挂入倒挡时,倒车影像系统会通过摄像头将车后状况显示于中控屏上。倒车雷达是依靠探头探测距离并通过不同频率的声音对驾驶员进行提示,而倒车影像是以视频的形式显示,它比起倒车雷达更直观和实用。倒车影像系统由主机、显示器、摄像头等部分组成。

3）倒车雷达

倒车雷达是汽车倒车时的安全辅助装置，能以声音或者更为直观的显示告知驾驶员周围障碍物的情况，提高驾驶的安全性，它是由超声波传感器（俗称探头）、控制器和显示器（或蜂鸣器）等部分组成。

4）行车记录仪

行车记录仪能够记录汽车行驶过程中的影像和声音，当发生意外时，可为交通事故提供证据，类似于飞机的"黑匣子"。它还可以作为停车监控设备。不同品牌的行车记录仪外观不一，但基本功能和组成都大致相同。

活动展示

学生在游戏竞赛中进行认知学习，将学习到的知识记录整理，汇报展示。

活动评价

成果展示之后组间互评，各小组长和教师填写《活动评价表》，如表3-1-2所示，评选出优秀学习小组。

活动评价表　　　　表3-1-2

评分项	是否达到目标 （30%）	活动表现 （40%）	职业素养 （30%）
评价标准	1.完全达到； 2.基本达到； 3.未能达到	1.积极参与； 2.主动性一般； 3.未积极参与	1.大有提高； 2.略有提高； 3.没有提高
自我评价（20%）			
组内评价（20%）			
组间评价（30%）			
教师评价（30%）			
总分（100%）			
自我总结			

项目四 汽车装饰与美容专业学习成长规划

任务一 学习榜样

任务目标

(1) 寻找我们身边的学习榜样,说一说从他身上学到了哪些优秀品质。

(2) 通过学习世界技能大赛冠军杨金龙事迹,根据自身的实际情况,谈谈今后的打算,给自己制定一个奋斗目标。

任务内容

活动:寻找身边的榜样。

活动:寻找身边的榜样

用自己的方式向老师和同学们介绍一下自己身边的学习榜样,他们的哪些举动给你留下了深刻印象,最终将介绍的过程用视频的形式记录下来。

活动目标

(1) 能用普通话流利介绍身边的学习榜样。

(2) 将榜样事迹(视频、照片)制作成2分钟左右视频。

(3) 视频要求:

①"剧情"合理、完整;

②介绍时能用普通话,大方、得体;

③视频完整、清晰。

活动计划

1. 分工

2 名领导：_____　　　1 名介绍人员：_____

1 名摄像：_____　　　1 名拍照人员：_____

1 名导演：_____　　　1 名编剧：_____

后期制作：_____

2. 设备准备

_____

3. 剧本准备

_____

_____

_____

_____

活动资源

1. 杨金龙：工匠精神成就世界技能大赛冠军

0.01 毫米，相当于一根头发直径的 1/6 左右，是世界技能大赛汽车喷漆项目对油漆厚度所允许的最大误差。杭州技师学院的杨金龙凭借高超的技术挑战不可能，获得这个项目的冠军，为中国实现了这个赛事金牌零的突破。

可贵的工匠精神，成就了这位年轻的世界技能大赛冠军。

2. 绝技：苦水、汗水中浸泡

22 岁的杨金龙是杭州技师学院最年轻的教师，走在校园里，一身休闲装的他看上去与学生差不多。

成为世界冠军后，杨金龙与以前没什么两样。记者见到杨金龙时，他身穿白色防护服，戴着护目镜和口罩，正在实训车间烤房里琢磨彩喷技术。

"喷漆看着简单，其实很复杂，包括对车身打磨抛光、调漆、喷漆和烤漆等很多步骤。"杨金龙说。

喷漆的好坏有一个重要指标是油漆是否均匀。按照世界技能大赛的要求，油漆上下的厚度误差不超过0.01毫米，相当于一根头发直径的1/6左右，而油漆一般要喷五六层以上。如此苛刻的要求带来的技术难度可想而知。

杨金龙说，喷漆要均匀，手一定要稳。他一边说着，一边稳稳地喷出了一道漂亮的红色车漆。采访了解到，喷枪加上油漆有六七斤重❶，手要做到一动不动才行；有时候连续喷漆几小时，对臂力和体力都是极大考验。

"有时候胳膊痛到睡不着觉，几天抬不起来，只能用冰袋冷敷来缓解。"杨金龙说，为了增强自己的肌肉力量，他每天举哑铃锻炼。

喷了没一会，杨金龙的防护服就湿透了。"我们一天换七八套衣服很正常。烤房是封闭的，喷漆时不能有对流，不能有任何灰尘，所以不管夏天多热都不能开空调，在最热的时候室温40多摄氏度也得忍着，有时还会中暑。"杨金龙说。

3. 金牌：倔强＋工匠铸就

杨金龙出生在云南省保山市的一户农民家庭，他上学时家里的年收入仅3000余元。2009年，杨金龙初中毕业，受家庭条件限制，15岁的他选择了不需要学费的技校继续求学。

"我上学前都没有摸过汽车，但一碰到各种颜色的油漆我就着魔了。"杨金龙笑着说。

上学期间，他对喷漆技术到了痴迷的程度，常常为了攻克一个问题而在实训车间待到凌晨。在老师眼里，杨金龙是一个对问题喜欢刨根究底的学生。

杨金龙表示，他有点倔，做一个事情就要做到最好。"以前的手工艺人都是工匠，追求精益求精，我们这代人要把这种精神找回来。"

非同寻常的吃苦钻研，在校期间，杨金龙就获得了"浙江省职业院校汽车运用与维修汽车涂装一等奖""全国职业院校汽车运用与维修汽车涂装二等奖"等成绩。2012年，杨金龙毕业后被一家奥迪4S店录用，凭借出色技术，他的工资一路上涨。

但是，杨金龙更痴迷于技术的进步。2014年，当母校邀请他回学校参加世界技能大赛国内选拔赛时，他毅然选择辞去工作返回学校训练。

长达一年半的高强度集训极为枯燥艰辛，但也正是在这个过程中，杨金龙体会到工匠精神的内涵。

2015年杨金龙以汽车喷漆项目国内第一的身份参加在巴西举行的第43届世界技能大赛，并获得金牌，为我国实现了该赛事金牌零的突破。颁奖仪式上，

---

❶ 1斤＝0.5千克

杨金龙身披国旗,非常激动。

4. 成功:引领技术立业

回国后,杨金龙获得了诸多奖励,被授予浙江省五一劳动奖章。除了给学生上课外,他还要经常被邀参加各种经验交流活动。

"这足以说明,在国家如此重视技能人才的当下,年轻人靠技能立业的大好时代已经到来。"杨金龙表示,能获这么多的殊荣出乎他的意料。他认为,社会尊重技能人才是技能人才蓬勃复兴的基础。

据了解,杨金龙的获奖,也带动了家乡很多年轻人来学习技术。

杨金龙介绍,世界技能大赛中,有两件事情让他体会深刻:一位瑞典小伙子,家中三代人都是从事汽车喷漆职业,他对自己的工作很自豪;喷漆比赛项目20名选手中5名是女性,与他一起获奖的另两名选手也都是女性。

如今,杨金龙是浙江省第一个、也是唯一的特级技师,被破格提拔为杭州技师学院教师,享受教授级高级工程师待遇。

杭州技师学院院长邵伟军说,未来技能人才不再是传统意义上的民工,而是制造业中的技术先锋,是国家打造制造业强国的中坚力量。

5. 工匠精神内涵

(1)敬业。敬业是从业者基于对职业的敬畏和热爱而产生的一种全身心投入的认认真真、尽职尽责的职业精神状态。中华民族历来有"敬业乐群""忠于职守"的传统,敬业是中国人的传统美德,也是当今社会主义核心价值观的基本要求之一。早在春秋时期,孔子就主张人在一生中始终要"执事敬""事思敬""修己以敬"。"执事敬",是指行事要严肃认真不怠慢;"事思敬",是指临事要专心致志不懈怠;"修己以敬",是指加强自身修养保持恭敬谦逊的态度。

(2)精益。精益就是精益求精,是从业者对每件产品、每道工序都凝神聚力、精益求精、追求极致的职业品质。所谓精益求精,是指已经做得很好了,还要求做得更好,"即使做一颗螺丝钉也要做到最好"。正如老子所说,"天下大事,必作于细"。能基业长青的企业,无不是精益求精才获得成功的。

(3)专注。专注就是内心笃定而着眼于细节的耐心、执着、坚持的精神,这是一切"大国工匠"所必须具备的精神特质。从中外实践经验来看,工匠精神都意味着一种执着,即一种"几十年如一日"的坚持与韧性。"术业有专攻",一旦选定行业,就要一门心思扎根下去,心无旁骛,在一个细分产品上不断积累优势,在各自领域成为"领头羊"。在中国早就有"艺痴者技必良"的说法,如《庄子》中记载的游刃有余的"庖丁解牛"、《核舟记》中记载的奇巧人王叔远等。

（4）创新。"工匠精神"还包括追求突破、追求革新的创新内蕴。古往今来，热衷于创新和发明的工匠们一直是推动世界科技进步的重要力量。新中国成立初期，我国涌现出一大批优秀的工匠，如倪志福、郝建秀等，他们为社会主义建设事业作出了突出贡献。改革开放以来，"汉字激光照排系统之父"王选、"中国第一、全球第二的充电电池制造商"王传福、从事高速铁路研制生产的铁路工人和从事特高压、智能电网研究运行的电力工人等都是"工匠精神"的优秀传承者，他们让中国创新重新影响了世界

活动展示

学生在视频制作的过程中表现形式要多样化，有创新性。教师审核每个小组制作的视频，审核通过后在短视频平台上发布作品。

活动评价

视频展示之后组间互评，各小组长和教师填写《活动评价表》，如表 4-1-1 所示，给各小组活动成果评分，最终评出优秀视频。

活动评价表　　　　　　　　　　　　　　表 4-1-1

评分项	是否达到目标（30%）	活动表现（40%）	职业素养（30%）
评价标准	1. 完全达到； 2. 基本达到； 3. 未能达到	1. 积极参与； 2. 主动性一般； 3. 未积极参与	1. 大有提高； 2. 略有提高； 3. 没有提高
自我评价（20%）			
组内评价（20%）			
组间评价（30%）			
教师评价（30%）			
总分（100%）			
自我总结			

任务二　认识学习成长规划

任务目标

(1)能够在网络、书刊上查找学习成长规划的范文。
(2)根据范文,能够说出学习成长规划所包含的主要内容。

任务内容

活动:七嘴八舌一起说。

活动:七嘴八舌一起说

学习成长规划是我们对未来学校学习生涯的一个整体规划。通过了解学长们的学习成长规划,我们可以借鉴他们的经验,更好地了解认识学习成长规划。

在本次活动中,同学们将自己认为最好的学习成长规划分享给身边的小伙伴们,并认真聆听他们的分享,一起认识学长们优秀的学习成长规划。

活动场景

本学期就要接近尾声了,相信各位同学们都对自己的未来充满想象,对成为高年级的学长那样优秀而自信的校园风云人物而充满了期待。那么,就请各个小组的同学们收集你喜欢的学长的成长规划并分享给大家吧。

活动目标

(1)熟练使用现有工具检索信息(网络信息、图书馆馆藏信息等)。
(2)快速准确地提取文章关键词。
(3)将检索到的信息介绍给同学。

活动计划

1. 分工

3 名信息收集员:＿＿＿＿＿＿　　　　2 名信息记录员:＿＿＿＿＿＿

2名信息处理员：＿＿＿＿＿＿＿　　1名信息分享员：＿＿＿＿＿＿

2. 设备准备

＿＿＿＿＿＿＿＿＿＿＿＿＿＿＿＿＿＿＿＿＿＿＿＿＿＿＿＿＿＿＿

3. 信息记录

＿＿＿＿＿＿＿＿＿＿＿＿＿＿＿＿＿＿＿＿＿＿＿＿＿＿＿＿＿＿＿

＿＿＿＿＿＿＿＿＿＿＿＿＿＿＿＿＿＿＿＿＿＿＿＿＿＿＿＿＿＿＿

＿＿＿＿＿＿＿＿＿＿＿＿＿＿＿＿＿＿＿＿＿＿＿＿＿＿＿＿＿＿＿

＿＿＿＿＿＿＿＿＿＿＿＿＿＿＿＿＿＿＿＿＿＿＿＿＿＿＿＿＿＿＿

4. 信息处理

＿＿＿＿＿＿＿＿＿＿＿＿＿＿＿＿＿＿＿＿＿＿＿＿＿＿＿＿＿＿＿

＿＿＿＿＿＿＿＿＿＿＿＿＿＿＿＿＿＿＿＿＿＿＿＿＿＿＿＿＿＿＿

活动资源

1. 学校图书馆

学校图书馆如图4-2-1所示。

2. 网络资源

网络资源可从计算机教室处获得（图4-2-2）。

图4-2-1　学校图书馆

图4-2-2　计算机教室

3. 优秀范文

大学生个人成长规划范文

人们都说"大学是半个社会",这种大学与高中的落差对刚刚走出象牙塔的我们而言,无疑是一道极难跨越的鸿沟,在最初的新奇与喜悦暗淡之后,迎面而来的便是无尽的困惑与迷惘。而此时对自己做一个认真而深入的剖析,为自己量身打造一份成长计划便显得尤为重要。

大学生成长计划,换一个角度来理解,就是对我们心中的那片理想天地做一个具体执行的描绘,就是给自己的学习生活做一个较系统而细致的安排,对自己的职业生涯进行规划,为自己的梦想插上"翅膀"。美好的愿望是根植在坚实土地上的,从现在开始,脚踏实地,力争主动,规划我们的未来,才能拥有多姿添彩的绚烂人生。

1) 认知自我

古希腊德尔菲神庙里"认识你自己!"的箴言不仅是要唤醒人们的人文关怀,同时也指出了认识自我的意义和困难。规划未来,首先必须了解自我。

(1) 自我评价。

我个人觉得自己是一个性格开朗且有责任感的人。我有极强的创造欲,乐于创造新颖、与众不同的成果,渴望表现自己,实现自身的价值。我追求完美,具有一定的艺术才能和个性,乐观自信,好交际,能言善辩,谦逊,善解人意,乐于助人,细致,做事有耐心。

(2) 我的优势。

我小时候生活较艰辛,以致我对生活有更深入的认识。我并不认为生活中人们遇到挫折,是什么命运的不公。相反,这些挫折对人有一种督促作用,让人越挫越勇,人生经历一些挫折,是对人的一种磨砺,让人变得更坚强,对生活中的事情变得更有勇气。父母从小对我严厉的教育,使我时刻保持严于律己的生活态度。

(3) 我的劣势。

过于追求完美导致我做事过于理想化,脱离实际,家庭经济基础薄弱,人脉较少。

2) 社会分析

改革开放以来,我国经济飞速发展,根据最近的国家政策,环渤海地区有望得到大力发展。黄骅港以其强大的吞吐吸纳作用,将可能带动整个环渤海地区的经济发展。

由此观之，鉴于黄骅港的发展前景及人员需求，我所学习的港口水利工程专业，就业前景相当可观。

3）学习生活计划

大学一年级：端正学习态度，严格要求自己，了解大学生活，了解专业知识，了解专业前景，了解大学期间应该掌握的技能以及以后就业所需要的证书。认真学习基础课程尤其是英语和高等数学，作为一个工科生高等数学是一切学习的基础，同时为考研做准备。下半学期通过大学英语四级考试和大学计算机一级考试。积极参与外联部工作，培养工作能力。

大学二年级：通过大学英语六级考试，通过计算机2级考试，熟悉掌握专业课知识，竞选外联部负责人，并在节假日进行初步的实习。

大学三年级：提高求职技能，搜集公司信息。主要的内容有：撰写专业学术文章，提出自己的见解；参加和专业有关的暑期工作，和同学交流求职工作心得体会；学习写简历、求职信；同时细致复习大学课程，为考研做准备。

大学四年级：目标应锁定在工作申请及成功就业上，积极参加招聘活动，在实践中检验自己的知识积累和储备。积极利用学校提供的条件，强化求职技巧，进行模拟面试等训练，尽可能地进行充分准备。与此同时，做好第二个准备——考研。

4）求职计划

随着社会经济的高速发展，人们的生活水平日益提高。但随着工作压力、生活压力的增大，生活方式的不合理化，人们的日常生活秩序被打乱，也就凸显出越来越多心理方面的问题，这就更加要求我们去学习一些心理学知识。

（1）学位证书、资格证书，是我们求职或创业的"敲门砖"，是一个公司招聘人才以及一个投资人支持你的首要条件，因此，我们要在大学生期间，获得相关的证书。

（2）公司招聘人才看的不仅是文凭和证书，更多注重的是个人能力与素质。因此，我们在大学期间学习的同时，还应注重个人素质的提高和能力的培养。

（3）对于刚毕业的大学生来说，经验的缺乏是一个很突出的问题，要想在众多应聘者中脱颖而出，就要在工作经验方面占优势才行，这对于自主创业也是很有帮助的。因此，我们还要在大学生活中积累更多的工作经验，这可以通过兼职来实现，但在兼职过程中，要善于总结经验。

（4）要在大四之前把简历制好，留下更多的时间来找工作。

（5）要时刻关注招聘信息，积极参加招聘活动，在公司选择我们的同时也选择一个适合自己的公司。

（6）要时刻注意最新的发展动态，关注时事，了解社会信息，掌握自主创业的优势条件和劣势，更好地把握成功的条件。

5）总结

任何目标，只说不做到头来都会是一场空。然而，现实是未知多变的，制订的目标计划随时都可能遭遇问题，这时就要求有清醒的头脑。一个人，若要获得成功，必须拿出勇气，付出努力、拼搏、奋斗。成功，不相信眼泪；未来，要靠自己去打拼！实现目标的历程需要付出艰辛的汗水和不懈的追求，不要因为挫折而畏缩不前，不要因为失败而一蹶不振；要有屡败屡战的精神，要有越挫越勇的气魄；成功最终会属于自己的，每天要对自己说："我一定能成功，我一定按照目标的规划行动，坚持直到胜利的那一天。"既然选择了认准了正确的道路，就要一直走下去。现在我要做的是，迈出艰难的一步，朝着这个规划的目标前进，要以满腔的热情去守候这份梦，放飞梦想，实现希望。

活动评价

成果展示之后组间互评，各小组长和教师填写《活动评价表》，如表4-2-1所示，评选出优秀学习小组。

活动评价表　　　　　　　　　表4-2-1

评分项	是否达到目标（30%）	活动表现（40%）	职业素养（30%）
评价标准	1. 完全达到； 2. 基本达到； 3. 未能达到	1. 积极参与； 2. 主动性一般； 3. 未积极参与	1. 大有提高； 2. 略有提高； 3. 没有提高
自我评价(20%)			
组内评价(20%)			
组间评价(30%)			
教师评价(30%)			
总分(100%)			
自我总结			

项目四　汽车装饰与美容专业学习成长规划

任务三　知道学习成长规划过程

任务目标

(1) 能够在同组成员的帮助下总结出自己的优缺点。
(2) 能够理顺在校期间的学习流程,并以图文的方式展示。
(3) 对自己感兴趣的职业或未来可能从事的行业有初步的了解,并向同学们介绍。

任务内容

活动一:对号入座。
活动二:挑战飞行棋。

活动一:对号入座

自我认知指的是对自己的洞察和理解,包括自我观察和自我评价。自我观察是指对自己感知、思维和意向等方面的觉察;自我评价是指对自己的想法、期望、行为及人格特征的判断与评估。

在自我认知的过程中,我们可能会遇到各种问题导致不能全面客观地认识自己,所以我们就需要在同学们的帮助下完成自我认知。

活动场景

小组成员根据自己平时对其他成员的观察了解,以不记名的方式分别将组内每一名成员的优点和缺点写在下面方框中,并在反面写下你所描述同学的姓名。全部写完后正面向上贴到展板上。小组成员阅读展板上的内容,并找出与自己优缺点描述接近的贴纸,在贴纸下面写上自己的名字。

所有同学都完成后由组长宣布答案,各组员记录别人对自己的评价与自我认识的区别。

活动目标

(1) 客观准确地评价他人。
(2) 客观地认识自己。
(3) 找出自我认识与他人评价之间的区别。

活动计划

1. 分工

活动组织者：_____　　监督员：_____

活动参与者：_____

2. 材料准备

优点：	缺点：

优点：	缺点：

项目四　汽车装饰与美容专业学习成长规划

优点：

缺点：

3. 活动总结

活动二：挑战飞行棋

各位同学们,经过了一学期的学习,大家应该基本上知道了自己在校期间的学习安排了吧。我想大家应该对我们在校的生活、将来的就业有了一个初步的打算,现在就让我们一起分享一下吧。

活动场景

各小组根据本学期所学内容,将我们每个学期要学习的课程,要举行的活动,要参加的考试、技能比赛等以时间为主线画成飞行棋棋盘,并根据自己的喜好设置陷阱,将课程目标或职业目标作为问题来提问。

飞行棋棋盘画好后向全班展示、讲解玩法,然后邀请其他小组成员参与游戏。

活动目标

（1）能够说出在校期间各学年的课程设置以及各课程的目标,并制定出自己的学习目标。

（2）对自己的职业有初步的计划,并能说出实现计划的方法。

85

汽车装饰与美容专业概论

活动计划

分工

1 名策划：_____　　　3 名信息收集人员：_____

3 名信息整理人员：_____　　2 名棋盘绘制人员：_____

1 名棋盘讲解员：_____　　1 名颁奖人员：_____

1 名比赛裁判：_____

活动资源

1. 飞行棋棋盘参考图

飞行棋棋盘参考图如图 4-3-1 所示。

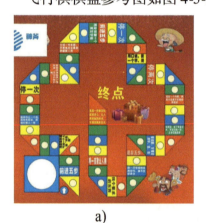

a)

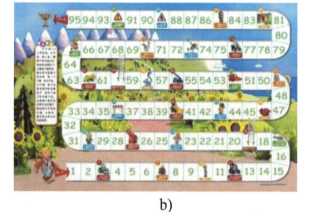

b)

c)

图 4-3-1　飞行棋棋盘参考图

2. 课程设置及目标

参考本书项目二。

3. 职业目标达成方法

面试技巧和注意事项

1) 基本注意事项

(1) 要谦虚谨慎。面试和面谈的区别之一就是面试时对面考官往往是多人,其中不乏专家、学者,求职者在回答一些比较有深度的问题时,切忌不懂装懂,不明白的地方就要虚心请教或坦白说不懂,这样才会给用人单位留下诚实的好印象。

(2) 要机智应变。当求职者一人面对众多考官时,心理压力很大,面试的成败大多取决于求职者是否能机智果断、随机应变,能当场把自己的各种聪明才智发挥出来。首先,要注意分析面试类型,如果是主导式面试,你就应该把目标集中投向主考官,认真礼貌地回答问题;如果是答辩式面试,你则应把目光投向提问者,切不可只关注甲方而冷待乙方;如果是集体式面试,分配给每个求职者的时间很短,事先准备的材料可能用不上,这时最好的方法是根据考官的问题在脑海里重新组合材料,言简意赅地作答,切忌长篇大论。其次要避免尴尬场面,在回答问题时常遇到这些情况:未听清问题便回答,听清了问题自己一时不能作答,回答时出现错误或不知怎么回答的问题,可能使你处于尴尬的境地。避免尴尬的技巧是:对未听清的问题可以请求对方重复一遍或解释;一时回答不出可以请求考官提下一个问题,等考虑成熟后再回答前一个问题;遇到偶然出现的错误也不应耿耿于怀而打乱后面回答问题的节奏。

(3) 要扬长避短。每个人都有自己的特长和不足,无论是在性格上还是在专业上都是这样。因此,在面试时一定要注意扬我所长、避我所短。必要时可以婉转地说明自己的长处和不足,用其他方法加以弥补。例如有些考官会问你类似"你曾经犯过什么错误吗?"的问题,你这时候就可以选择这样作答:"以前我一直有一个粗心的毛病,有一次实习的时候,由于我的粗心把公司的一份材料弄丢了,害的老总狠狠地把我批评了一顿。后来我经常和公司里一个非常细心的女孩子合作,也从她那里学到了很多处理事情的好办法,一直到现在,我都没有因为粗心再犯什么错。"这样的回答,既可以说明你曾经犯过这样的错误,回答了考官提出的问题,也表明了那样的错误只是以前出现,现在已经改正了。

(4) 显示潜能。面试的时间通常很短,求职者不可能把自己的全部才华都展示出来,因此要抓住一切时机,巧妙地显示潜能。例如,应聘会计职位时可以将正在业余学习计算机的情况"漫不经心"地讲出来,可使对方认为你不仅能熟练地掌握会计业务,而且具有继续学习的潜力;应聘秘书工作时可以借主考官的提问,把自己的名字、地址、电话等简单资料写在准备好的纸上,顺手递上去,以显示出自己写有一手好字的能力等。显示潜能时要实事求是、简短、自然、巧妙,否则也会弄巧成拙。

2)面试时如何消除紧张感

由于面试成功与否关系求职者的前途,所以大学生面试时往往容易产生紧张情绪,有的大学生还可能由于过度紧张导致面试失败。紧张是应聘者在考官面前精神过度集中的一种心理状态,初次参加面试的人都会有紧张感觉,慌慌张张、粗心大意、说东忘西、词不达意的情况是常见的。那么怎样才能在面试时克服、消除紧张感呢?

(1)要保持"平常心"。在竞争面前,人人都会紧张,这是一个普遍的规律,面试时你紧张,别人也会紧张,这是客观存在的,要接受这一客观事实。这时你不妨坦率地承认自己紧张,也许会求得理解。同时要进行自我暗示,提醒自己镇静下来,常用的方法有:大声讲话,把面对的考官当熟人对待;掌握讲话的节奏,"慢慢道来";握紧双拳、闭目片刻,先听后讲;调侃两三句等。这些方法都有助于消除紧张感。

(2)不要把成败看得太重。"胜败乃兵家常事",要这样提醒自己,如果这次不成,还有下一次机会;这个单位不聘用,还有下一个单位面试的机会等着自己;即使求职不成,也不是说你一无所获,你可以通过分析这次面试过程中的失败,总结出宝贵的面试经验,以新的姿态迎接下一次的面试。在面试时不要总想着面试结果,要把注意力放在谈话和回答问题上,这样就会大大消除你的紧张感。

(3)不要把考官看得过于神秘。并非所有的考官都是经验丰富的专业人才,可能在陌生人面前也会紧张,认识到这一点就用不着对考官过于畏惧,精神也会自然放松下来。

(4)要准备充分。实践证明,面试时准备得越充分,紧张程度就越小。"知识就是力量",知识也会增加胆量。面试前除了进行道德、知识、技能、心理准备外,还要了解和熟悉求职的常识、技巧、基本礼仪,必要时同学之间可模拟考场,事先多次演练,互相指出不足,相互帮助、相互模仿,到面试时紧张程度就会减少。

(5)要增强自信心。面试时应聘者往往要接受多方的提问,迎接多方的目光,这是造成紧张的客观原因之一。这时你不妨将目光盯住主考官的脑门,用余光注视周围,既可增强自信心又能消除紧张感。在面试过程中,考官们可能交头接耳,小声议论,这是很正常的,不要把这当成精神负担,而应作为提高面试能力的动力,你可以想象他们的议论是对你的关注,这样就可以增加信心,提高面试的成功率。面试中考官可能提示你回答问题时的不足甚至错误,这也没有必要紧张,因为每个人都难免出点差错,能及时纠正就纠正,是事实就坦率承认,不合事实还可婉言争辩,关键是要看你对问题的理解程度和敢于同主考官争辩真伪的自信程度。

活动评价

成果展示之后组间互评,各小组长和教师填写《活动评价表》,如表 4-3-1 所示,给各小组活动成果评分,最终评出优秀活动成果。

活动评价表　　　　　　　　　　表 4-3-1

评分项	是否达到目标（30%）	活动表现（40%）	职业素养（30%）
评价标准	1. 完全达到； 2. 基本达到； 3. 未能达到	1. 积极参与； 2. 主动性一般； 3. 未积极参与	1. 大有提高； 2. 略有提高； 3. 没有提高
自我评价(20%)			
组内评价(20%)			
组间评价(30%)			
教师评价(30%)			
总分(100%)			
自我总结			

任务四　撰写学习成长规划

（1）能够撰写出学习成长规划。

(2)能够熟练介绍自己的学习成长规划。

活动:演讲比赛。

活动:演讲比赛

一份好的学习成长规划,应当包含四个方面的内容:自我认知(知道自己的优势和劣势,给自己一个客观的评价);制订学习生活计划(提前规划好未来几年的学校生活);制订求职计划(毕业后自己心仪的工作是什么样的,自己适合什么样的工作岗位);计划总结(为了达到目标,自己需要付出什么样的努力)。

活动场景

举行班级演讲比赛,演讲的内容为"学习成长规划",要求参赛选手提前做好学习成长规划PPT(图文并茂),比赛分初赛和决赛,初赛班内各组自行组织,初赛结束后,各组推荐一名同学参加班级决赛。

活动目标

(1)能将自己撰写的"学习成长规划"配上图片做成PPT。
(2)能在规定时间内,配合PPT将自己的"学习成长规划"用普通话流利地表达出来。

活动计划

1. 分工

3~4名评委:_____ 1名主持人:_____
1名摄像:_____ 1名拍照人员:_____
2名比赛策划:_____ 1名颁奖人员:_____
1名宣传人员:_____

2. 设备准备

3. 制订演讲比赛策划方案

4. 制定演讲比赛评分标准

活动资源

演讲技巧一般认为包括以下几点。

1. 做好演讲的准备

演讲前的准备工作包括了解听众，熟悉主题和内容，搜集素材和资料，准备演讲稿，做适当的演练等。

2. 选择优秀的演讲者

优秀的演讲者具备下述条件：
(1) 演讲者具有较强的语言表达能力和技巧；
(2) 演讲者充满热情；
(3) 演讲者应理智且具有智慧；
(4) 演讲者有良好的仪表状态。

3. 运用演讲艺术

演讲艺术包括开场白的艺术、结尾的艺术、立论的艺术、举例的艺术、反驳的艺术、幽默的艺术、鼓动的艺术、语言的艺术、表情动作的艺术等，通过运用各种演讲艺术，使演讲具备两种力量：逻辑的力量和艺术的力量。

4. 演讲时的姿势

演讲时的姿势也会带给听众留下某种印象，例如堂堂正正的印象或者畏畏缩缩的印象。虽然个人的性格与平日的习惯对此影响颇巨，不过一般而言仍有方便演讲的姿势，即所谓"轻松的姿势"。要让身体放松，也就是说不要过度紧张。过度的紧张不但会表现出笨拙僵硬的姿势，而且对于舌头的控制也会造成不良的影响。

5. 演讲时的视线

在大众面前说话，不可以漠视听众的眼光，不能避开听众的视线来说话。尤其当你走到麦克风旁站立在大众面前的那一瞬间，来自听众的视线有时甚至会让你觉得紧张。克服这股视线压力的秘诀，就是一边进行演讲，一边从听众当中找寻对于自己投以善意而温柔眼光的人。

6. 演讲时的脸部表情

演讲时的脸部表情无论好坏都会给听众留下极其深刻的印象。紧张、疲劳、喜悦、焦虑等情绪无不清楚地表露在脸上，这是很难由本人的意志来加以控制的。演讲的内容即使再精彩，如果表情缺乏自信，总是畏畏缩缩，这个演讲就很容易变得欠缺说服力。

7. 声音和腔调

声音和腔调是与生俱来的，不可能一朝一夕之间有所改善，但是音质与措辞对于整个演讲也有很大影响。要让自己的声音清楚地传达给听众，即使是音质不好的人，如果能够秉持自己的主张与信念，依旧可以吸引听众的热切关注。语速也是决定演讲成功与否的要素，为了营造沉着的气氛，语速稍微慢点是很重要的。

活动评价

成果展示之后组间互评，各小组长和教师填写《活动评价表》，如表4-4-1所示，给各小组活动成果评分，最终评出优秀活动成果。

活动评价表　　　　表4-4-1

评分项	是否达到目标（30%）	活动表现（40%）	职业素养（30%）
评价标准	1. 完全达到； 2. 基本达到； 3. 未能达到	1. 积极参与； 2. 主动性一般； 3. 未积极参与	1. 大有提高； 2. 略有提高； 3. 没有提高

项目四　汽车装饰与美容专业学习成长规划

续上表

评分项	是否达到目标（30%）	活动表现（40%）	职业素养（30%）
自我评价(20%)			
组内评价(20%)			
组间评价(30%)			
教师评价(30%)			
总分(100%)			
自我总结			

参 考 文 献

［1］赵俊山,胡克晓.汽车美容[M].北京:人民交通出版社股份有限公司,2017.

［2］陈家瑞.汽车构造[M].3版.北京:机械工业出版社,2009.

［3］上汽通用汽车有限公司网络课程.

［4］王海林,蔡兴旺.汽车构造与原理[M].3版.北京:机械工业出版社,2014.

［5］杨建良.汽车维修企业管理[M].北京:人民交通出版社股份有限公司,2015.

［6］任庆凤,李兴华.职业素养与就业指导[M].北京:机械工业出版社,2018.

［7］王绍乾,李新雷.职业生涯规划与就业指导[M].延边:延边大学出版社,2019.

［8］刘涛.中职学生安全防范与危险处理[M].北京:人民交通出版社股份有限公司,2019.